——————————— 님께
이 소중한 책을 드립니다

미래로 가는 나침반

한반도의 미래를 설계하고 통일의 문을 연다

미래로 가는 나침반

한반도의 미래를 설계하고 통일의 문을 연다

김만호 지음

미래문화사

김만호 교수의 땀방울에 격려를 보내며

인간의 꿈은 항상 이상 사회를 지향합니다. 그리고 인류의 노력은 이러한 이상 사회를 이루기 위한 과정이었습니다. 근현대사회의 이상은 민주주의였습니다. 그리고 아직은 여러 면에서 부족한 부분이 있기는 하지만 대한민국도 민주주의의 꽃을 피우기 시작하고 있습니다.

우리는 소중한 이 민주주의의 꽃을 피우기 위해 노력했던 분들을 잊어서는 안 될 것입니다. 민주주의의 씨를 뿌리고 토양을 가꾸며 구슬땀을 흘렸던 분들의 공로로 민주주의라는 가치에 대해 그 열매를 음미할 수 있기 때문입니다.

이러한 때 민주 정신의 계승자인 김만호 교수가 자신의 연구와 노력을 한 권의 책으로 엮어 상재하게 된 것에 대해 참으로 기쁘게 생각합니다. 평소에 김 교수가 민주주의를 펼치기 위한 노력에 남다른 관심을 가지고 지켜보았습니다. 그의 민주주의에 대한 투철한 철학과 실현 방법을 이 책을 통하여 보게 되었고, 이론과 정책방안의 결과물을 이끌어 내기까지 그의 수고와 땀방울에 대해 아낌없는 격려를 보냅니다.

이 책은 아직도 우리사회의 민주주의가 성숙되지 못해 발생하는 여러 가지 면면을 정치·경제·사회적 측면에서 조명하였고 마지막으로 통일에 대한 비전을 제시하고 있습니다. 따라서 우리 사회의 구성원이라면 누구나 김 교수의 가치와 정책 그리고 희망 등을 담고 있는 이 책을 일독하고 같이 숙의해 보기를 권면합니다.

마지막으로 꿈에도 잊지 못할 어머니에 대한 소회로 글을 끝맺고 있는데 이 시대 묻혀있는 어머니들의 인생이 복원되는 것처럼 깊은 감동을 받았습니다. 가장 큰 사랑은 무엇보다도 자식에 대한 어머니의 위대한 사랑이라고 생각하기 때문입니다.

누구에게나 성공은 값싸게 얻어지는 것이 아닙니다. 성공은 부단한 노력과 끈질긴 투지에서 얻어지는 것입니다. 김만호 교수의 구슬땀과 고뇌에 찬 연구에 대해 마땅히 그 열매가 풍성하게 맺히기를 소망합니다.

2011년 11월
이수성 전 국무총리

나, 우리, 세상에 던지는 무한 질문

노령산맥이 휘감아 돌아가다가 뚝 떨어진 고흥군 녹동항! 몇 발짝만 떼면 갯내음이 물씬한 남해의 쪽빛바다가 펼쳐지는 곳입니다. 무릉도원이나 다름없는 섬 풍광이 그림처럼 펼쳐지는 곳, 한때는 소록도로 지금은 '나로우주센터'로 더 유명한 고장입니다. 예부터 우리 고장은 인심이 후덕하여 서로 돕고 이로움을 나눈다 하여 고흥이라 했습니다. 열린 가슴속에 높은 기상을 품고 대양大洋으로 뻗어나갈 꿈을 주는가 하면, 뭍을 향한 열망을 품고 무한히 성장할 수 있었던 곳이었습니다. 이곳은 바로 제가 태어나 유년기를 보냈던 어머니의 따스한 품과 같은 고향입니다.

일찍이 가장이 되어버린 저의 어머니는, 배우지 않으면 남의 종이 되어 가난의 굴레를 벗어나지 못한다는 강한 신념이 있었습니다. 억척같은 삶의 자세로 당신의 손발이 부르트고 배는 허기져 허리를 펴지 못하면서도 자식을 위해서라면 물불을 가리지 않으셨습니다. 오직 자식들 잘 되기만을 바라시면서 모든 걸 쏟아부으셨습니다. 유년시절은 이처럼 고향의 아늑한 품에서 어머니의 사랑을 먹고 자라다가 열망의 대상이었던 광주로 유학의 길을 떠나게 되었습니다.

유학길에 올라 꿈에 부풀어 열심히 공부하던 고교 2학년 시절, 마침내 증폭된 사회 갈등은 박정희 대통령 서거 이후 광주민주화운동을 맞게 되었습니다. 계절의 여왕인 오월의 싱그러움을 선혈이 낭자하고 피맺힌 절규로 바뀌던 상황을 저는 현장에서 목격하게 되었습니다. 꿈에도 잊을 수 없는 동창생 두 명이 제 눈 앞에서 유명을 달리하였습니다. 저는 그 충격적인 장면을 직접 체험하면서 뜨거운 눈물을 흘렸습니다. 그 상황의 중심에 서 있던 저는 시대에 대한 고민을 거듭하다가 전남대학교에 입학하게 되었습니다.

당시, 시대 상황은 갓 입학한 저를 평범한 대학생으로 놓아두지 않았습니다. 장기 군사독재에 신음하던 국민들은 대학생을 필두로 민주화운동에 나설 수밖에 없었습니다. 청운의 꿈을 안고 장학생으로 입학하였으나 저 또한 그 대열의 선봉에 서게 되었습니다. 대학에 입학해서 꿈꾸어 오던 학문에 뜻을 두어야 했지만 대학생활의 상당 부분은 야독夜讀을 빼놓고는 대열에 서서 주행走行하는 것으로 더 많은 시간을 할애했습니다. 그러나 저의 마음 한켠은 지식의 갈증으로 고민하면서 아픈 가슴을 내려놓지 못한 채 큰 짐을 지고 교문을 나오게 되었습니다.

대학 졸업 후 민주화운동에서 비롯된 지울 수 없는 상처들을 접하면서 남북문제와 주변 열강들의 첨예한 영향에서 자유롭지 못한 이 나라와 미래에 대한 고민은 커져만 갔습니다. 사회문제, 민족문제, 통일문제 등에 무게의 중심이 옮겨져 더 큰 고민을 거듭하며 사회운동을 하고 있던 1994년 꿈에 그리던 미국 유학길에 올랐습니다.

미합중국에 발을 디딘 저는 거기서 오색인종이 섞여 사는 모습에서 미국이 왜 세계의 중심 국가인지를 서서히 느끼게 되었습니다. 이국 멀리에서 학문에 갈급했던 저는 스폰지에 물이 스며들 듯 열정적으로 책장을 뒤졌습니다. 그 결과 뉴욕과 캘리포니아에서 석박사 과정을 마쳤으며 강소국인 대한민국의 나아갈 길이 무엇인지를 체득하게 되었습니다. 세계 각국에서 모인 청년들과 치열한 토론을 벌이며 실천 학문에 전념함은 물론, 그때 접했던 다양한 문물과 문화의 정서는 조국에서 느꼈던 것과는 다른 새로운 경험이었습니다. 이후 세계평화를 위한 NGO단체인 '미국지도자연합ALC'의 공동의장 등을 맡아 인종을 초월한 평화운동과 저소득층을 위한 구호 활동을 전개하였습니다. 뒤돌아보면 동양의 작은 나라에서 온 젊은 청년이 미국의 주류사회를 대상으로 수백 회에 걸친 강연회를 주도하며 리더로서의 자질을 발휘하여 박수갈채를 받았던 그때를 생각하면 지금도 벌떡 일어나 주먹을 불끈 쥡니다.

저는 오색인종이 광장을 가득 메운 단상에서 목이 터져라 강연하면서 조국 대한민국을 떠올렸습니다. 탕탕! 총성이 울려 퍼지던 광주의 현장을 떠올리며 평화에 대한 열망으로 목이 메였습니다.

지구의 한쪽인 유럽 대륙에서 보면 우리나라는 러시아의 끝자락에 보일 듯 말 듯 튀어나온 반도국가입니다. 아시아 대륙의 동북아 끝 모퉁이에 섬인지 육지인지 모르게 붙어 있는 나라입니다. 그것도 동족상잔으로 갈라진 남북 분단의 나라, 게다가 자원이라고는 찾아볼 수 없는 자원빈국입니다. 작은 땅덩어리에 8천만 민족이 치열하게 살고 있는 대한민국! 저를 키워준 고국을 생각하며 아메리카의 이곳 저곳을 쉴 새 없이 누비고 다녔습니다.

그리고 마침내 2007년, 미국 생활을 접고 고국에 돌아와 대학의 강단에서, 각종 사회단체 모임에서, 살림터인 용산에서 행복한 가정과 정의가 넘치는 사회, 남북통일과 세계평화의 길을 외치며 오늘 이 자리까지 왔습니다.

올 유난히도 늦더위가 기승을 부렸던 9월을 지나 전형적인 가을 절기를 보여준 10월을 거쳐 겨울을 준비해야 하는 11월을 맞았습니다. 이러한 시간의 흐름 속에 저는 지난 수개월 동안 용산 백범로 서재에 앉아 다가올 미래와 우리나라의 역할 등에 대해 그동안의 생각들을 하나 둘 원고지에 옮기게 되었습니다.

책 한 권을 쓴다는 것, 실제 해 보니 힘든 작업이었습니다. 그 과정은 결코 쉽지 않았습니다. 책상머리에 앉아 글의 조합을 만들어내고 수많은 참고자료를 중심으로 제 주장을 게재한 다음, 마지막으로 검토를 거듭하는 등 숨가쁜 시간들이 이어졌습니다.

이 과정을 거치면서 그간 제가 읽었던 수많은 글들이 구슬처럼 귀하게 느껴지는 순간이었습니다. 그리고 세상 앞에 한 권의 책을 내놓기에 떳떳한지 지금 이 순간도 조심스러움에 밤잠을 설치고 있습니다.

조선시대 이조년李兆年이 쓴 '이화에 월백하고'로 시작되는 시조 한 수가 생각납니다. 깊은 밤 달빛 아래서 잠 못 드는 필자의 심경이 고스란히 담긴 작품인데, 지금의 제 마음이 그와 같습니다. 몸을 뒤척이는 등 잠을 못 이루는 날의 연속이었습니다.

이 책에는 자유와 정의, 민주와 통일에 대한 나의 꿈과 소신이 스며들어 있습니다. 휴머니즘 사회에 대한 꿈, 함께 누리는 경제의 꿈, 선진 정치의 꿈, 궁극적으로 이뤄야만 할 한반도 통일의 꿈, 세상에 처음 내놓은 소중한 어머니에 관한 이야기 순으로 가닥을 잡아 보았습니다. 여러 가지

로 부족하지만 저의 국가관과 철학이 행간 속에 배어 있다고 해도 과언이
아닙니다.

　저는 첫째로, 아름답고 정의로운 사회 구현에 앞장서겠습니다. 승자독
식의 사회에서 함께 더불어 사는 사회로의 변화가 이뤄지도록 이 한 몸을
바치겠습니다. 부자와 빈자가, 대기업과 중소기업이, 정규직과 비정규직
이, 신자와 비신자가, 동과 서가, 남과 북이 공존하는 세계를 이루도록 혼
신의 힘을 다 쏟겠습니다. 타인을 위하는 이타적 지향점인 '전체목적'과
나 개인을 위한 이기적 지향점인 '개체목적'이 바람직한 조화를 이루는 공
동선을 구축하는 데 앞장서겠습니다. 이런 원칙 아래 기득권층의 특권과
반칙을 배제하고, 재벌 대기업의 탐욕도 상생의 원리 아래 제어되어야 하
겠습니다.

　둘째는 건전한 윤리 도덕과 행복한 가정재건을 이루는 일꾼이 되고 싶
습니다. 많은 이들이 걱정하는 지금의 윤리 도덕의 붕괴는 곧바로 가정해
체로 이어집니다. 상하좌우의 질서가 무너지니 그 안에 교육이 바로잡힐
리 만무합니다. 또한 세계 최고 수준의 이혼율을 자랑하는 대한민국이 처
한 현실은 미래 발전의 동력상실을 가져오고 있음도 부인할 수 없습니다.
바로 이런 난제를 극복하는 데 머리를 맞대고 연구하고 대안을 찾아 세우
도록 하겠습니다.

　셋째는 남북통일과 세계평화의 선봉장이 되고 싶습니다. 분단 이래 60
년 이상을 반목과 갈등으로 점철된 남북관계는 지금도 군비확장, 무력시
위, 민족공멸의 핵무기 개발 등이 계속되고 있으며, 때문에 그 방법론을
둘러싸고 진보와 보수로 나뉘는 등 이념적 남남갈등은 심각한 지경에 이
르렀습니다. 이런 와중에도 유일한 분단국 한반도에 통일의 바람은 우리

가 모르는 가운데 다가오고 있음을 느끼고 있습니다. 깨어 일어난 사람들과 손에 손을 잡고 평화통일의 길을 열어가겠습니다.

사람이 한 세상 살다 가는 것이 어떤 의미가 있는가, 어떤 의미가 있어야 하는가, 라는 질문을 저 자신에게 끝없이 던집니다. 나, 우리, 세상이 지금보다 수십억분의 일만큼 좋아지기를 바라고 수십억분의 일만큼만 힘을 보탠다면 사람으로서 살다 간 보람이 있는 것이 아닐까 생각합니다.

거대한 호수 속에 던져지는 돌멩이 하나가 파문을 일으키듯이, 이 책 한 권을 통해 이 시대의 난문제를 걱정하시는 모든 분들과 함께 고뇌하고 함께 대화하고 해결책을 찾고 싶은 심정입니다. 이 책은 세상에 질문하고, 그 해답을 구하기 위한 작은 바람으로 출판되었음을 말씀드리고 싶습니다.

우리가 궁극적으로 꿈꾸는 사회는 함께 잘 사는 '인간공동체'입니다. 이러한 사회를 이루려는 저의 꿈을 지천명을 향해 가는 시점에서 정리한 것이기도 합니다. 고민의 결과물을 이제야 세상에 내놓습니다. 끝으로, 이 책이 나오기까지 도와주신 미래문화사 식구들께 감사드립니다.

2011년 곡식이 익어가는 계절에

김 만 호

차례

첫째마당

휴머니즘 사회에 대한 꿈

셋째마당

선진 정치의 꿈

휴머니즘 사회에 대한 꿈

진정한 행복이란

건전한 윤리 도덕이 뿌리가 되고

줄기인 법이 바로 서고

정치, 경제, 사회, 문화 분야에서

행복한 열매를 맺는 것이다

우리는 행복한가

영국의 환경단체 신경제재단NEF이 지난 2006년 발표한 국가별 행복지수HPI 순위에서 조사 대상 178개국 중 1위를 차지한 나라가 우리에겐 그 이름조차 생경하기만 한 남태평양의 작은 섬나라 '바누아투'였다. 상대적으로 2만달러 국민소득, 경제규모 세계 11위권에 속하는 대한민국은 102위에 랭크되어 심각한 경종을 울리기도 했다. 참고로 바누아투의 국내총생산GDP은 전 세계 233개국 중 207위인 가난한 나라다.

당시 이 연구재단은 한국을 가리켜 '경제대국 12위권에 있으면서도 그들은 늘 쫓기며 산다. 때문에 현재를 즐길 줄 모르며 늘 미래를 향한 도전만 있을 뿐이다.'고 평하고 있다.

여성가족부가 지난 2010년 10월부터 11월까지 한 · 중 · 일 청소년 4579명을 대상으로 실시한 '청소년 가치관 국제비교 조사'에 따르면 한국 청소년들이 느끼는 행복감은 일본과 중국과 비교해 제일 낮은 것으로 파악되었다. ‘나는 지금 행복하다’는 질문에 대해서는 71.2% 학생들이 긍정적으로 대답했지만 중국(92.3%), 일본(75.7%)보다 뒤졌다. ‘가족과의 생활에 만족한다’에 대한 질문에는 80.3%의 학생이 긍정적으로 대답했지만 중국(92.6%) 일본(81.1%)과는 차이가 있었다.

위와 같은 통계를 비춰 본다면 높은 경제소득이 결코 행복의 충분조건이 아님이 분명해졌다. 비근한 일례로 복권에 당첨된 사람들의 행복도도 5년만 지나면 이전의 행복 수준으로 돌아간다고 한다. 세계 최대의 경제 중심이자 소비국인 미국은 동시에 1인당 코카인과 헤로인 소비량에서도 세계 최고치를 기록할 만큼 행복과 불행의 양극을 달리고 있다.

아리스토텔레스는 인생의 목적이 ‘행복’이며, 국가발전도 행복한 국가를 위한 합목적을 향해 전진한다고 말하였다. 하지만 인생이 행복을 추구할수록 행복보다는 오히려 불행해지는 경우가 많이 있다. 때문에 인생을 고통의 바다 즉 ‘고해苦海’로 표현하기도 하였다. 국가도 마찬가지다. 그 어떤 국가도 불행을 위해 국가운영을 하지 않으나, 정작 불행한 국가로 가는 경우가 많음은 부인할 수 없다.

행복을 꿈꾸는 경제강국 대한민국

사실 한국사회는 늘 차별화, 미래, 도전, 변화, 경쟁, 발전 등 이런 말들이 일상에 고착된 가운데 잠시의 ‘여유’도 없는 바쁜 과정을 미덕삼아 살아왔다. 그 결과 1인당 국민소득 2만 불, 세계 12위 경제대국 대한민국의 휘황찬란한 성공스토리를 일구었지만, 그 이면엔 아직도 매일 힘겨운 서민들의 애잔한 이야기들이 귓전을 맴도는가 하면 그런 소식이 더 국민들 피부에 와 닿는다.

지난 1997년 IMF 경제위기는 가장 강력한 사회집단이라는 대한민국의 가정들을 무참히도 짓밟았다. '실직'이라는 예기치 못한 결과를 놓고 평소 단란하던 부부는 이혼을 하고, 하루아침에 고아원에 맡겨지는 아이들이 속출했다. 지금 대한민국은 이혼율, 자살률, 청소년 문제 등도 부끄러운 세계최고 수준을 기록하고 있다.

문제는 우리 가정에서부터 윤리 도덕이 바로 잡혀지지 않고 외면 받는 현실이 계속되고 있다는 것이다. 혹자는 과거 윤리 도덕이 바로 잡혔던 8과 윤리 도덕이 무너진 2의 비율로 이야기되던 윤리지수가 근년 들어 반대인 2:8로 역전되었다고 개탄한다. 선생과 학생이 성관계를 갖고, 자녀가 부모를 살인하고, 한국 유학생들로 인해 급증하는 필리핀 현지 미혼모들, 이혼과 불륜의 사회화 등 하루가 멀다 하고 등장하는 천인공노할 뉴스들을 일일이 열거하지 않더라도 다 아는 사실이다.

이 모든 것이 지난 수십 년간 오로지 경제성장만을 위해 달려온 부작용이다. '가난'이라는 업보를 슬기롭게 극복했다고 하지만 그 과정에서 자연스럽게 우리사회 가치기준이 '부'와 '경제'가 되었으며, 이를 '행복'과 동일시하기에 이른 것이다. 요즘 회자되는 몸짱, 웰빙, 얼짱, 꿀벅지 등 관능적이고 물신주의 용어들도 따지고 보면 이의 부산물인 셈이다.

'행복'을 연구하는 전문가들은 지금도 하나같이 주요 가치로 가정, 건강, 종교, 적당한 재화, 절제, 중용 등을 꼽는다. 그들은 물질을 넘어 건전한 윤리 도덕과 같은 '정신'적 요소가 합목적적으로 이루어졌을 때에야 위와 같은 가치 지향의 '진정한 행복'이 온다는 점에 주목하고 있다. 필자가 다시금 이 시대를 되돌아봐야 한다고 강변하는 이유다.

진정한 행복이란 건전한 '윤리 도덕'이 뿌리가 되면서, 줄기인 법이 바로 서고 그 바탕위에 정치, 경제, 사회, 문화 분야에서 행복한 열매가 맺는 것이라고 말할 수 있다. 이러한 관점에서 지금 우리는 '정신문명의 위기'를 직시하고 우리사회를 재조명해야 한다. 그리고 바람직한 정책과 대안을 찾아야 한다. 물질적 풍요 속에 상대적 빈곤과 소외가 끊임없이 이어져 "과거가 차라리 행복했다."라는 말이 들려오지 않기를 바라마지 않는다.

희망적인 이야기지만, 이제 우리는 진정 행복해질 수 있다고 생각한다. 윤리 도덕이 살아있는 정신문명을 바로 세운다면 분명히 그럴 수 있을 것이다.

2011년 5월

아름다운 '효'문화를 세계적 한류문화로

'노령연금과 장애수당으로 나오는 11만 8000원으로 월세 10만 원짜리 쪽방에서 하루하루를 보내고 있는 A(여·75)씨는 남편 없이 홀몸으로 한복 바느질을 하며 키워 온 두 아들에게 철저히 외면당한 나머지, 3년 간 연락을 끊은 큰 아들을 상대로 부양료청구 소송을 냈다. 마침내 법원은 큰 아들에게 어머니가 사망할 때까지 매월 40만원을 지급하라고 판결했다.'

우리사회의 아름다운 미덕으로 여겨지던 부모 공양에 대한 인식이 사라지면서 천륜을 끊으려는 불효가 이 사회에 만연하고 있다. 개인주의적인 자녀 세대들이 노부모에 대한 부양을 결코 자신들만의 책임으로 생각하고 있지 않기 때문인 것으로 분석된다.

부모에 대한 자식의 부양은 교육을 통해 도덕적 윤리적 규범으로 당연시되었지만, 시대가 변함에 따라 점차 퇴색하고 있다. 부양비 문제가 법적 다툼으로까지 가는 세태는 고령사회의 씁쓸한 단면이지만, 이젠 더 이상 가족 간의 의무나 효 사상의 강조만으로는 해결할 수 없는 현실이 되어 버렸다.

토인비가 칭송했던 한국의 '효'문화

일찍이 세계적 석학 아놀드 토인비는 한국에서 장차 인류문명에 크게 기여할 수 있다면, 그것은 부모를 공경하는 효 사상일 것이라며 한국의 아름다운 효문화를 극찬했다. 이를테면 '정신문화 한류'인 셈이다. 그런데 토인비가 던진 이 말의 의미가 우리사회에서 점차 퇴색되어가고 있다. 물론 외래문화가 우리의 가족제도에 준 큰 변화의 탓도 있지만, 우리 고유의 것을 지키지 못한 우리의 책임이 더 크다.

한국인구학회에서 조사 발표한 자료에 의하면 '동거하지 않는 어머니와 아버지를 1주일에 한 번 이상 만난다'고 응답한 자녀의 비율이 각각 27%, 26%로 조사된 27개국 가운데 최하위에 머물고 있다. 이는 이스라엘에 거주하는 아랍인이 모친과 부친을 1주일에 한 번 이상 만나는 비율이 각각 93%, 98%인 것과 비교해 보면 엄청난 차이다.

효심 많기로 유명한 우리나라가 불효국이 된 것은 어쩌면 자업자득인지도 모른다. 청소년들이 글로벌시대의 외래문화에 접하면서 가치관 혼돈이 심각해지고 있는 가운데, 입시 및 출세 위주 교육으로 남을 배려하는 이타적 품성교육을 게을리한 결과라고 전문가들은 입을 모은다.

효 사상은 인간의 기본적 생활 규범으로 교육의 첫 출발에 해당한다. 때문에 지금과 같은 시대에 노인복지의 대안은 '효문화의 시대적 정립'이

효창동 경로당 봉사활동 중 저를 업어주시는 할머니

될 수 있다. 동양고전에 '효孝는 덕德의 근본이며, 모든 가르침教育의 원천'이라고 했다. 성경에서도 '네 부모를 공경하라 이것이 첫 계명이다'라고 가르치고 있다. 그런데 지금 효 사상은 점차 구세대의 유물로 취급받고 있다.

저출산 · 고령화의 재앙

인구주택총조사 결과를 바탕으로 통계청에서 인구변동요인별 실적자료 추이를 반영한 '장래인구추계 결과(2005년 기준)'를 보면 65세 이상 인구는 2050년에는 3.7배인 약 1,600만 명으로 늘어날 것이라 예측됐다. 특히 80세 이상 인구는 2050년 613만 명으로 2005년(676천 명)의 9.1배에 달할 전망이라고 한다. 기대 수명은 2005년 78.6세에서 2030년 83.1세, 2050년 86세로 늘어날 예정이며, 여성은 2050년 기대 수명이 88.9세로 거의 90세에 육박할 것으로 예상하고 있다(출처 : 국민일보).

한국은 2000년에 이미 65세 이상 노령인구 비율이 7.2%로 '노령화 사회'로 접어들었다. 놀라운 점은 이렇게 고령사회로 진입하는 속도가 OECD 회원국 중 1위라는 사실이다.

고령화의 사회적 경제적 문제는 참으로 심각하다. 우선 대부분의 65세 이상의 노인들은 실질적으로 20~50대처럼 많은 양의 일을 하기에는 힘에 부친다. 그렇다면 20~50대의 사람들이 그분들의 생계의 많은 부분을 부담해야 하는데, 그간 정책적 판단 미스로 1990년 초까지만 해도 '둘만 낳아 잘 기르자'와 같은 출산율 저하정책이 대세를 이뤘다. 한 부부의 합계 출산율이 두 명도 아닌 1.22명(2010년도)으로 떨어지면서 미래 환경재앙보다 더하다는 저출산 고령화 재앙이 코앞에 닥쳐왔다.

결론은 자명하다. 국가와 사회, 가정에서 함께 고민하고 노력해야 할 때가 되었다. 사회 전체가 노인들을 배려하는 효 문화가 정착돼야 한다는 이야기다. 먼저 유치원, 초ㆍ중ㆍ고교와 가정에서 효에 대한 인성교육이 이뤄져야 한다. 효 인성교육의 저변이 확대되면 효문화는 정착될 것이다.

혹자는 말한다. 효문화보다 경제 문제가 우선이라고 강변한다. 하지만 여기에 이의를 제기한다. 오히려 안정된 가정문화 재건이 실질적인 경제적 부를 더 일굴 수 있다는 점 때문이다. 이를테면 '가정이 살면 경제가 산다'고 강조하고 싶다. 경제발전 이상으로 온전한 가정문화 정착에 온 힘을 기울여야 진정한 대한민국 선진화는 이룩될 수 있다고 확신한다.

최근의 통계를 보면, 자녀와 동거를 희망하는 노인 비율이 감소하는 추세이지만, 무엇보다도 3대가 함께 사는 제도적 틀을 만드는 일에 주안점을 두어야 한다고 주장한다.

현재의 주택난은 인구증가가 아닌 1인 가구의 증가에서 오고 있다. 1인

가구 등 핵가족 증가는 주택난뿐만 아니라 결국 자기밖에 모르는 이기적 인간을 만드는 주요 원인으로 등장한다. 최근 군대 내 문란사건은 상당수가 입대 전 개인생활에 익숙해진 습관이 공동생활에 적응치 못한 결과에서 빚어진 사건이다. 그렇기 때문에 필자는 반드시 3대가 함께 살 수 있는 정책개발에 총력을 기울여야 한다고 주장한다. 그 대안으로 조부모와 부모가 한 지붕 아래 살지만 독립적 생활공간을 유지하는 형태로 이른바 '3대 주택'이 폭넓게 만들어져야 한다는 생각이다. 그렇다면 조부모, 부모, 자녀 3대가 서로 의지하면서 공통의 이익을 영위할 수 있는 장점이 있다. 정부는 이를 위한 각종 세제 혜택 등 편의를 제공하는 정책적 지원을 아끼지 않아야 할 것이다.

3대가 살면 자녀들의 노인문제, 부부갈등, 양육문제가 훨씬 수월하게 해결된다. 함께 사니 외롭지 않은 노후가 만들어지고, 조부모를 통해 교육은 물론 감정적 이혼이 줄어들며, 조부모의 도움으로 자녀들 양육에 적지 않은 도움을 받을 수 있을 것이라 확신한다.

바로 이러한 정책의 바탕은 우리의 아름다운 효문화에서 시작된다. 특히 저출산 고령화의 재앙을 예방하기 위해서 우리의 효문화 운동은 계속되어야 한다. 이것이야말로 우리의 아름다운 정신문화 한류이다. 일찍이 토인비가 말했던 이상적 가정문화 재건을 위해서 꼭 이루어야 할 문제라는 말이다.

2011년 6월

바로 서는 대한민국 가정을 꿈꾸다

모든 사회의 가장 기본적인 단위는 가정이다. 어느 사회를 막론하고 가정의 중요성은 이루 말할 수 없이 소중하다. 특히 유교儒教의 가장 중요한 가치는 충효忠孝이다. 그런데 우리 사회의 가정도 시대적인 변화와 함께 위험수위를 넘고 있어 그에 대한 올바른 가치관 정립이 필요한 시점이다. 우리 사회의 절망의 뿌리는 어떻게 보면 가족의 해체로부터 시작된다. 한국사회를 오랫동안 지탱해 오고 지켜온 가부장제는 낡은 유물로 사라져 가고 가족의 개념도 바뀌었다. 가정의 정의도 진화했다. 이젠 가족의 기준이 '혈연'에서 '거주' 중심으로 바뀌어 '핏줄'보다는 '한 지붕' 아래 살아야 가족이다. 이러한 가족 범주에 대한 인식은 노인 세대에는 아직 그렇지 않지만 젊은 세대에게는 이러한 생각이 크게 작용하고 있다. 따라서 떨어져 사는 가족보다 좋은 이웃이 더 가깝게 느껴지고 있는 현실이다. 내 가족이라는 울타리가 급속하게 좁아지고 있는 것이다.

'혈연'에서 '거주'중심으로 바뀐 가족 개념

빠른 속도로 변환이 이루어지고 있는 한국 사회의 가정의 문제는 단순한 '효孝 개념'의 퇴장이 아니라 사회 기초구조의 퇴보를 의미한다.

사회적 동물인 인간의 행복은 '나의 가족'으로부터 출발하였다. 그리고 '나의 친구', '나와 직장', '나와 사회', '나와 국가'로 행복의 파장이 퍼져나갔다. 좋은 일이 생기면 제일 먼저 가족과 기쁨을 나누고, 슬픔을 당하면 그 고통을 가족으로부터 위안 받았다. 그러나 요즘은 부모 자식 사이라도 떨어져 살면서 '정情의 거리'가 더 멀어졌다. 아무리 핵가족 사회라 하더라도 날로 심해지는 한국 사회의 가족해체는 비정한 사회로 달리고 있는 브레이크 없는 자동차와 같음을 피부로 느끼게 한다.

최근 여성가족부는 전국 15세 이상 4,754명을 대상으로 '제2차 가족실태'를 조사했는데, 결과는 한국 사회의 가족해체를 여실히 드러내 보였다. 친부모가 가족이라고 응답한 사람은 78%로 나타났으며 5명 중 1명(22%)이 가족에서 친부모를 제외했다. 5년 전 1차 조사 때는 93%가 친부모를 가족이라고 대답한 것에 비하면 크게 줄었다. 자녀가 가족이란 응답도 5년 전 99%에서 2차 조사에선 85%로 감소했다. 또 시부모나 장인 장모가 가족이란 응답도 80%에서 51%로, 형제자매는 81%에서 63%로, 조부모는 64%에서 23%로 크게 줄었다. 사위와 며느리를 가족이라고 여기는 비율도 각각 50%에서 24%로, 58%에서 26%로 절반이나 줄었다. 친손자는 59%에서 27%로, 외손자는 48%에서 25%로 줄었다. 이 같은 심각한 가족해체 현상은 사회적 여건의 변화에 기인한 것도 있지만 가장 큰 요인은 가족이 따로 살기 때문으로 해석된다.

가족실태 조사 결과를 살펴보면 가족이 '도덕적 목적'에서 '현실적 수단'으로 변질되었음을 깨달을 수 있다. 한국 사회 가족해체는 거주라는 '공간'개념 외에도 돌진형 경제 압축 성장을 추구하여 온 근대화 과정에서 목표 달성과 성장주의, 다시 말해 결과주의가 최고 가치로 숭배되었던 결과물이기도 하다.

한국 사회는 자기 성찰의 내실이나 도덕적 가치관보다 성과주의를 위한 임기응변이 생존과 성공에 유리하게 작용하면서 가족해체를 부채질했다. 그래서 합리적이고 정당한 원칙보다 전략적 수단이 생존에 유리한 시대가 되면서 자식은 부모를 성공으로 가는 계단으로 인식하게 되었고, 부모가 그 길로 가는 데 이용 가치가 없어지면 부모를 외면시하기까지 했다. 한 때 유행했던 '아들은 희미한 옛사랑의 그림자', '며느리는 가까이 하기엔 너무 먼 당신', '딸은 아직도 그대는 내 사랑'이란 말이 가족해체를 단적으로 비유하고 있다.

세계최고 수준의 자살률

이 같은 한국 사회의 가족해체는 소외된 노인과 좌절하는 젊은이를 양산하고 있다. 세상에서 가장 중요한 것은 인간의 생명이다. 천하보다 소중한 것이 인간의 생명이다. 세상의 아무리 중요한 가치나 철학도 인간의 생명을 도외시 할 수 없다.

우리 사회에서 소외된 노인과 희망이 좌절된 젊은이들은 '자살'이란 극단적인 방법으로 사회에 저항하고 있다. 참으로 안타까운 현실이다. '피해자 없는 범죄'라는 자살은 대한민국 사회가 직면한 심각한 사회적 병리 현상이다. 지금 한국 사회를 풍미하고 있는 자살 바이러스를 근본적으로 치유하지 않고는 절대로 선진사회로 나아갈 수 없다. 귀중한 생명을 스스로 포기할 정도로 이들을 극한상황으로 몰고 가는 것은 무엇일까.

해마다 수십만 명씩 쏟아지는 대학 졸업생은 마땅히 취업할 기업을 찾지 못해 취업을 위한 재수와 삼수는 당연시되고 있는 현실이다. 또한 사회에 현실적으로 참여가 부족한 노인은 가족들과의 단절, 사회로부터의 소외 속에서 독거하며 '인생황혼'에 갇혀 있다.

희망을 상실한 젊은이와 소외를 극복하지 못한 노인은 극한의 경우에 자살이란 외길을 선택한다. 자살이 사회적으로 큰 파장을 일으킨 것은 혼자만의 자살이 아니라 동반 자살의 연쇄 건 때문이다. 인터넷의 은밀한 자살사이트를 연락삼아 산 속의 펜션이나 한적한 시골길에서, 승용차 도어를 올리고도 모자라 외부를 테이프로 밀폐하고 차 안에 연탄불을 피워놓고 집단 자살을 한다. 너무나 빈도가 잦다보니 언론에서 사회에 미치는 영향을 고려해 자살 보도마저 자제하고 있지만 하루에 35명 이상에 이르고 있는 실정이라 한다.

최근의 자살 급증은 정신적인 요인도 있겠지만 대부분 생활고에서 비롯되고 있다. 생활고에 지치고 시달리다 보면 앞이 보이지 않고 희망이 무너진다. 희망이 무너지면 상실감에 사로잡혀 극도의 우울증에 시달리고 극한상황에 도달하면 그 다음 순서가 자살이다.

　현대사회구조가 복합적이고 다양하며 개인 간 대립도 첨예화해서 그만큼 개인이 받는 스트레스도 배가되고, 스트레스가 쌓이면 우울증에 빠지고 심하면 삶의 동력을 상실한다. 특히 대중의 인기를 먹고 살아가는 연예인은 겉으로는 화려해도 속으로는 조그마한 악플에도 상처받기 쉽다. 자살한 사람 나름대로 절박한 사연이 있겠지만 자살은 개인으로나 가정적으로나 사회적으로 큰 병폐다.

　동반 자살에 참여한 어느 20세 여성은 "내일의 희망이 보이지 않아 먼저 갑니다. 아빠 엄마 용서하세요."라는 유서를 남기고 갔다. 두터운 현실의 벽에 좌절하고 얼마나 비참했으면 자살이라는 막다른 선택을 했겠는가. 그렇지만 자살은 근본적으로 사회가 저지르는 '피해자 없는 살인'이라는 진실(?)이 도사리고 있다. 자살은 자살자 한 사람의 죽음으로 끝나는 것이 아니라 사회 전체에 '소리 없는 살인자'라는 우울증을 전파하고 경제적으로도 막대한 손실을 미친다.

　자살의 사회경제적 비용부담에 관한 연구보고서에 따르면 자살로 야기된 사회경제적 부담은 매년 3조 856억 원에 이르는 것으로 집계되고 있다. 요즘 문제가 되고 있는 대학생 전체 한 해 등록금 반값에 해당하는 액수다. 한 해 자살자 수를 평균 1만 1,500여 명으로 계산하면 자살자 1명이 발생할 때마다 2억 7000만 원 정도의 손실이 발생한다.

　자살의 경제적 손실보다 더 무서운 것은 자살 바이러스의 전염성이다. 사회적 용어로 '베르테르 효과(모방 자살)'라고 하는데, 최근 우리나라 연쇄 동반자살도 일종의 베르테르 효과로 볼 수 있다. 특히 연예인이나 유명

인사가 자살하면 모방 자살이 뒤따른다는 데 심각성이 있다.

이처럼 자살은 모방성이나 전염성이 강해서 개인적인 사건으로 치부하고 사회나 정부가 두 손 놓고 있으면 심각한 사회적 현상으로 확대될 가능성이 있다. 자살은 한 번 충격을 받으면 전염성이 강하기 때문에 확산을 방지하기 위해 적극적인 예방 프로젝트가 필요하다. 더욱이 우리나라는 자살률이 세계 1위인데도 국가가 나서서 적극적으로 대처하지 못하고 있는 실정이다.

2000년까지만 해도 세계에서 자살률이 가장 높은 나라는 북유럽의 스칸디나비아 반도 3국이었다. 그 중에서도 핀란드는 '자살 천국'이라고 부를 만큼 자살률이 높았다. 1990년 인구 10만 명당 30.3명이던 자살률이 최근에는 20.4명으로 낮아지고 있다. 핀란드 정부는 30년 간 자살률이 계속 상승하자 1986년부터 1996년까지 범국가적인 자살 예방 프로그램을 단행하는 등 정부 차원에서 전력투구를 전개하게 되었는데 그 효과가 나타나고 있는 것이다.

개인 자살이나 연쇄 동반 자살은 우울증이라든지 개인의 정신세계 문제만이 아니라 저소득층의 생계 불안이 끝없이 확산되면서 가족이 해체되는 데에 크게 영향을 미쳤다. 젊은이들에게는 일자리를 제공하고 꿈을 꿀 수 있도록 해줘야 한다. 아울러 노인들에게도 사회적 소외와 가족의 외면으로부터 발생한 절대 외로움에서 벗어나도록 제도적 장치를 마련해야 한다.

포럼주민광장 봉사단장으로 '희망밥차' 배식봉사를 하며

희망을 주는 사회환경 조성해야

자살 예방은 기능적 처방도 중요하지만 그보다 원천적으로 해결해야 할 문제는 계층 간의 격차를 줄여 저소득층 등 소외계층이 상대적 박탈감을 느끼지 않도록 하는 것이 중요하다. 그러기 위해서는 큰 틀의 사회적 통합을 이뤄야 한다. 사회적 통합은 정부와 국민 모두가 합심해서 노력해야만 가능하다. 정부의 대책도 중요하지만 그에 못지않게 국민 스스로가 자살에 대한 공공인식도 중요하다. 따라서 사회적 통합 없이는 가족해체도 자살도 효과적으로 막을 수 없다는 결론이다.

우리 정부도 2013년까지 인구 10만 명당 자살률을 20명 미만으로 낮추겠다는 목표로 자살예방종합대책을 세웠지만 아직 이렇다할 성과를 내지 못하고 있다. 2차세계대전 중 나치의 혹독한 유대인 강제수용소에서 끝까지 살아남은 사람은 튼튼한 신체를 가진 사람이 아니라 희망을 잃지 않는 사람이었다. 정부는 국민에게 희망을 심어주어야 한다. 자살은 개인의 문제가 아닌 국민 전체의 삶의 문제이므로 국가적인 정책과 투자가 절실하게 필요하다.

한편 정부나 사회기관의 자살대책도 중요하지만 가정에서 이루어지는 올바른 교육이야말로 가장 바람직하다. 우리나라는 세계 11위권의 경제국으로 부상했지만 가족은 해체되고, 국민들의 삶의 질과 행복지수는 경제 위상과 비례하고 있지 못하다. 이것은 우리나라의 높은 자살률이 현실적으로 입증하는 것이다. 경제는 발전하고 부는 쌓여간다는데 왜 국민 대다수는 행복을 느끼지 못할까. 원인은 하나 둘이 아니겠지만 가족이 해체되고 사회가 비정해졌기 때문이다. 가족이란 인간이 행복을 느끼는 '기초생활단위'다. 한국사회가 건강하려면 가족 복원이 무엇보다도 우선돼야 한다.

2011년 6월

대한민국, 선진국격을 위하여

반토막인 대한민국은 정치·경제·사회·문화 등 모든 면에서 과도기적 잠정상태에 있다. 막상 통일이라는 큰 파고가 다가오면 어떻게 해야 할지 확실한 대안이 없는 형편이다. 그런 면에서 한국 사회는 갈 길을 잃고 있다. 길은 보이지 않는데 앞장서서 길을 안내하는 개척자도 보이지 않고 있다. 험로를 뚫고 국민을 안정된 정착지로 안내할 주도세력이 없어 보인다는 이야기다. 그런데도 국민의 신뢰를 등에 업은 양심 주도세력이 안타깝게도 보이지 않고 있다. 경제를 발전시키고 국민 모두에게 삶의 활기를 불어넣고 건강한 사회를 만들 책임은 정치의 역할이고 정치인의 몫이다. 국민들이 민주 시민으로서 자유를 누리고 일자리를 가지면서 노력한 만큼 보수를 받고 행복하게 살아갈 수 있게 만드는 것이 대한민국호의 역할이다. 더불어 저소득층 및 소외계층에게 이런 행복감을 심어주는 일이야말로 이 시대를 짊어지고 갈 정치인이 해내야 할 바로미터이다.

대한민국은 어디까지나 민주공화국이고 모든 권력은 국민으로부터 나오지만 실질적으로 나라를 다스리는 것은 소수 정치 엘리트들이다. 대다수 국민들은 소수 정치 엘리트를 선출하는 권한밖에 없다. 그래서 양심적인 정치인이 나와서 국정을 올바르게 이끌어야 한다. 그러나 불행하게도 대한민국의 정치와 정치인은 국민들로부터 철저하게 불신과 외면을 당하고 있다. 최근에는 그 정도가 절정에 달하고 있다. 양심적인 정치 엘리트가 정치무대에 나서려면 정치제도의 개혁이 필요한데 기존 정치세력이 견고한 성처럼 가로막고 있다. 정당이라는 큰 숲에 빠져 양심있는 소리가 들리지 않고 있다. 이제 국민 하나하나가 시대의 부름 앞에 깨어나야 한다. 국민이 자기의 주권을 올바르게 투표로 행사해야 한다. 국가와 국민을 위해서 봉사할 수 있는 양심세력이 한국정치를 주도해야 국회와 정치인이 국민들의 신뢰를 얻을 수 있다.

신뢰와 정의가 사라진 사회

오늘의 한국사회 혼란은 정치 불신이 더욱 부채질하고 있다. 법과 제도의 무질서, 범죄와 윤리적 상실 그리고 연이은 공권력의 실추로 불안, 불만과 불신의 이른바 3불 시대를 맞고 있다. 노블레스 오블리주는 찾기 어려우며 서민들은 생활고에 시달리고 치안불안에 떨고 있다. 강력범죄의 희생자들은 대부분 힘없는 서민들이다.

수출이 늘고 나라경제가 나아졌다고 하지만 상대적 빈곤층은 폭증하고 있으며 이들의 삶은 더욱 팍팍해졌고, 설상가상으로 흉악범죄의 공포에 몸을 떨고 있다. 법과 제도는 권위를 잃었으며 생활 질서와 일상의 윤리는 추락하고 있다. 폭력은 민의의 정당인 국회에서나 거리의 뒷골목이나 심지어는 파출소 안에서까지 자행되고 있다.

정의와 양심이 사라진 사회이기에 강호순 같은 흉악범들이 아무런 가책 없이 짐승만도 못한 끔찍한 범죄를 저지르는 사회가 되었다. 한국인의 심성이 갈수록 살벌하고 흉악하고 각박해지고 있다. 물질적 요소(풍요)와 정신적 요소(품격)가 불균형을 이루는 사회에서 파생하는 필연적인 결과이기도 하지만 최근 한국인의 사회적 심성이 극도로 흉포해지고 있어 국가적인 대책이 불가피한 상황에 이르렀다. 인명을 경시하고 하찮은 일에도 소송을 제기하는 까칠한 사회가 되었다. 공동체 의식이 결여된 이 같은 사회현상은 암울한 한국사회의 미래를 예고하고 있다.

한 예로 취업을 미끼로 여인을 유인하여 인명을 해치는 일은 참으로 천인공노할 일이 아닐 수 없다. 경남 울산에서는 자신을 죽은 것으로 위장한 후 거액의 보험금을 타려다 검찰에 구속된 지능적인 중년여성 범죄가 있었는가 하면, 광주광역시의 한 경찰서 현직 경위가 부인을 살해한 후 이곳저곳에 유기한 끔찍한 사건도 있었다. 현직 경찰 간부의 범죄이기에 시민들의 충격은 더욱 컸었다. 무고한 여인을 오로지 자신의 동물적인 욕망을 채우기 위해 20명이나 살해한 유영철 같은 범죄는 왜 그치지 않을까.

전통적으로 한국 사회는 유교적인 도덕관에 바탕을 두고 인성을 중요시 해왔다. 그러나 급속한 산업화 이후 경제성장과 함께 오랫동안 지탱해 온 도덕적인 탑이 여러 부분에서 무너지고 물질만능주의에 빠져 무서운 범죄가 횡행하는 사회로 돌변한 것이다.

미국 샌프란시스코 지역위원회로부터 청소년 선도사업 공로로 감사장을 받다

이는 삶이 각박해지고 있는 증표이기도 하다. 언제부턴가 무차별적이고 '묻지마' 식의 법정소송이 넘치고 있다. 조금만 참으면 순리로 해결할 수 있는 일도 소송까지 가야 직성이 풀리는 국민성으로 변해가고 있는 것이다. 법원행정처인 각급법원이 처리한 사건통계를 공개한 '2010년 사법연감'에 따르면 2009년 전국 법원에 접수된 민사·형사·가사·행정사건 등 소송사건은 약 634만 5000건으로 우리나라 국민 8명 가운데 1명이 소송에 휘말린 것으로 나타났다. 우리나라 인구를 4천 900만 명으로 계산하면 국민 1인당 연간 0.127건씩의 소송을 진행한 셈이다. 그 중 민사소송이 413만 건으로 가장 많았고, 형사소송은 197만 건, 이혼과 재산분할 등 가사사건은 14만 건이었다. 인구가 우리나라의 2.5배가 넘는 일본보다 민사소송 건수는 오히려 2배나 많았다. 그만큼 우리 사회가 소모전으로 많은 시간

을 쓸데없이 버리고 있다는 이야기가 된다. 가히 소송왕국이라는 오명을
벗어날 수 없을 것 같다. 이런 식으로 계속 나간다면 한국 사회는 가족해
체에 이어 사회마저 올바로 존립되지 못하고 해체되고 말 것 같은 걱정이 앞
선다.

공동의 선을 찾자

얼음판 위에서 미끄러지듯 질주하는 우리 사회를 정부와 사회 지도층
이 나서서 바른 사회로 바로잡지 못한다면 대한민국이란 공동체의 미래
는 암울하다. 공동체 사회가 와해될지도 모른다. '공동체 선'이 무너지면
그 사회는 지탱하기 어렵다. 제국의 힘을 세계에 과시하던 신성로마제국
도 사회도덕의 타락과 도시문명의 퇴폐로 멸망을 자초했다. 대로마제국
의 공동체 선이 무너짐을 확인한 용병 브루터스가 그의 양아버지 시저를
시해함으로 제국의 마침표를 담당했던 것이다.

한국사회도 지금 이런 위기에 근접해 있다. 역대 정권마다 게이트 사
건이 터졌고, 최근에 벌어진 부산 저축은행 비리 부정사건은 정관민이 한
데 어우러진 총체적인 부패 완결판이다. 금융기관의 부정을 감독해야 할
금융감독원 간부들이 부정 저축은행의 대주주로부터 뇌물을 받고 부정
을 옹호했으며, 대한민국 전 기관을 감사해야 할 감사원의 차관급 감사위
원이 부정 저축은행의 뇌물과 선물을 받고 무마 로비를 했으며, 유력 정
치인들은 정치자금을 받고 구명 청탁을 넣었다. 대한민국 어느 한 기관도
믿을 수 없을 만큼 도덕적 해이가 보편화되었다.

정부기관 뿐만 아니라 소위 사회 지도층 인사들의 모럴 해저드도 심각하다. 어떤 이는 이런 심각한 현실을 고백하기도 했다. '치부 마케팅'이란 비판을 무릅쓰고 신정아는 상류사회 도덕 불감증을 고발한 스토리로 문제가 되었었다.

지금 한국 사회는 도덕적 해이와 범죄의 혼돈에 빠져있다. 정부는 국민의 신뢰를 상실했고, 사회 지도층들은 도덕 불감증에 빠져있다. 얼마 전 사회적 논란을 빚은 '명품녀 사기꾼' 사건도 공동체 선의 파괴에 따른 도덕 불감증에서 비롯된 것이다. 공정한 사회도 정의가 강물처럼 흐르는 사회도 공동체 선의 바탕 위에서만 실현될 수 있다.

사람에게 인격이 있듯이 나라에도 품격이 있다. 부자라고 해서 인품이 다 훌륭하지 않듯이 경제부국이라고 높은 국가 품격을 유지하고 있는 것은 아니다. 한국은 세계 11위권의 경제력을 지니고 있지만 국제무대에서 합당한 대우를 받지 못하고 있다. 1인당 국민소득은 60년대 82달러에서 2011년 2만 달러로, 국내총생산이 89억 달러에서 9천 600억 달러로 세계 13위의 경제규모를 가진 나라로 성장했지만 한국의 국제위상은 경제 규모에 맞는 대접을 받지 못하는 것으로 알려지고 있다. 최근 G20 정상회의 개최와 한류의 유럽 진출로 한국의 인지도가 향상되었지만 선진국으로 가는 길은 멀다.

한국은 경제 수치상으로는 큰 진전을 이뤘다고 하지만 국제사회에서의 한국의 존재는 아직 미미하고 이미지도 좋은 편은 아니다. 외모는 선진국인데 내부는 후진국 증후군으로 가득 차 있다. 후진적인 정치풍토와 정치가의 행태, 후진적인 집회문화, 후진적인 기업윤리, 후진적인 공공행정, 후진적인 시민의식, 후진적인 가치관과 사상, 후진적인 인간관계 등으로 한국 사회는 아직 선진화의 길이 멀다. 옷은 화려하게 입었지만 몸은 건강하다고 볼 수 없는 진료가 필요한 증후군의 사회다.

사회윤리를 갖춘 품격 있는 사회

한마디로 말해 한국은 일류국가로 도약하기엔 아직 품격이 모자란 사회다. 경제적 성장으로만 모든 사회적 갈등과 문제를 해결하려는 생각을 한국의 지도자나 대부분의 국민들이 가지고 있다. 한국보다 못한 경제력을 지닌 나라들과 일부 선진국들은 경제 성장과 국가 품격을 함께 이뤄가고 있는데 한국은 20세기의 타성에 젖어 후진성에서 완전히 벗어나지 못하고 모순에 빠져 있는 것이다.

한 일본의 사회평론가는 한국이 선진국이 될 수 없는 이유로 첫째, 전통과 역사를 소중히 여기지 않는 정부 둘째, 세금내기 싫어하는 기업 셋째, 자기 일에 프로의식 없는 국민을 꼽았다. 영 듣기 껄끄럽고 기분이 나쁘지만 상당부분 수긍이 가는 대목이다. 여기에 필자는 윤리상실을 하나 더 추가하고 싶다. 한국은 산업화 성공으로 경제는 발전하고 국민은 의식주가 어느 정도 해결되었지만 그 대가로 정신적 가치와 품격을 잃었다. 성공지상주의와 남을 배려하지 않는 이기적 배타주의 문화의 여파로 예의가 사라지고 온정이 증발한 냉혹한 자본주의 사회로 탈바꿈했다.

나날이 커진 빈부격차는 함께 사는 사회로 나가는 데 걸림돌이 되고 있다. 수출이 늘고 성장률이 올라가도 일자리는 늘지 않고 소수 사람에게만 혜택이 돌아간다. 갈수록 빈부격차만 확대되어 가고 있다. 과거 조선시대 양반과 상놈이 있었듯이 그런 양태가 가진자와 못 가진자의 불감증으로 도진듯한 인상이다. 그런 불감증이 부유층은 더욱 오만해져서 자기들만의 리그를 형성하고 부와 권력을 세습하고 있다. 반면에 저소득층은 상대적 박탈감에 힘든 현실을 보내고 있다. 과거에는 우리나라도 수출과 성장의 혜택이 국민 골고루 돌아가 일자리가 늘고 임금도 올라 빈곤층이 중산층으로 이동한 적이 있었다. 이런 성장의 혜택도 경제 패러다임이 세계화 되면서 깨졌다. 수출경쟁력이 자본집약적인 기술에 의존할 수밖에 없기 때문이다.

그래서 최근 수출을 통한 성장은 부의 불균형만 키웠다. 원화 가치를 낮추는 환율정책은 수출하는 생산업체에겐 이익이지만 소비자들은 비싼 가격을 지불한다. 또 같은 생산자라도 대기업은 경쟁력이 커졌지만 내수 중소기업은 영세화되었다. 더 늦기 전에 수출중심 경제구조를 소득중심 경제구조로 바꿔야 한다. 저소득층 소득을 끌어올리고 국민평균소득을 높이는 데 경제목표를 두는 드라이브 정책을 펴야 할 때다. 물가를 안정시켜야 하며 중소기업과 지방기업이 생산성을 높일 수 있도록 산학연계를 강화해야 한다. 옛말에 의식주가 풍족해야 예를 갖추게 된다는 말을 다시 한번 되새김질 해야 할 때다.

품격 있는 사회가 되려면 양심이 제대로 대접받고 정의가 살아있는 사회가 되어야 한다. 정의는 하버드대 샌델 교수의 주장처럼 '공동선'이다. 양심이란 개인의식에 속하는 것이지만 사회의 공동선을 위해 양심은 정

제18회 대한민국문화연예대상 사회공로상 수상

의로 편입된다. 정의가 살아나려면 법과 제도가 원칙에 부합되어야 한다. 사회구성원인 시민이 법과 제도의 원칙만 공감해서는 정의가 살지 못한다. 실천이라는 행동이 뒷받침되어야 한다. 양심은 정의를 실천하려는 의지다. 양심이 개인 차원의 의식이라면 정의는 사회를 건전하게 유지해 주는 법과 제도에 의해 달성되어야 한다. 이같이 정의와 양심이 같이 조화를 이루어야 사회공동선이 이루어질 수 있다.

최근 경제효율성과 시장만능주의가 사회를 지배함에 따라 사회윤리는 뒷전으로 밀리고 무엇이 정의인가를 분별하는 철학적 성찰이 설 자리를 빼앗겼다. 성찰이 없는 사회는 아무리 경제가 성장해도 시지프스의 신화처럼 정상에 도달하지 못한다. 법과 제도가 무너지고 정의가 설 자리를 잃으면 권력과 금권이 사회를 지배한다. 사회정의가 붕괴되면 정치 리더십 추락과 부패 경제가 활개치고 이렇게 되면 어느 곳에서도 국가 품격은 찾아보기 어렵다. 마침내 소돔과 고모라성처럼 멸망의 길을 가게 될 것이다.

　이러한 사회는 사이코패스 흉악범이 날뛰고, 도덕 불감증이 사회를 흔들어 놓게 된다. 따라서 사회를 올바른 길로 안내할 양심주도 세력도 나타나기 어렵다. 따라서 한국사회는 '개혁 없는 보수'와 '합리성 잃은 진보'들로 혼란을 이룰 것이다.

　개인의 양심이 사라지고 법과 제도가 무너진 사회에서 어떻게 정치가 올바른 길을 찾겠는가. 한국사회의 정의를 살리고 품격 있는 나라를 세우기 위해선 무공해 정치 신인을 정계에 진출시켜야 한다. 그래서 도덕적인 새 바람이 일어야 한다. 한국 사회의 시급한 과제는 양심회복이고 정의복원이다. 그래야 국가의 품격이 살아날 수 있다.

2011년 6월

'막장 드라마'와 동성애, 가정을 파괴한다

시대적 반영이겠지만 요즘 '막장 드라마'가 사회적 문제로 부상하고 있다. 공공성과 공익성을 추구해야 할 지상파 방송사들이 오로지 시청률만을 높이기 위해 무분별하게 방송 프로를 팔고 있다. 특히 공영방송까지 막장 드라마를 내보내고 있어 시청자의 공분과 함께 사회적 지탄을 받고 있다. 불륜과 패륜 등 건전치 못한 남녀관계와 비정상적인 가족관계를 엽기적으로 묘사해 가족 파괴를 부채질하고 있다. 그렇지 않아도 가족해체가 사회적 화두로 대두되고 있는 작금에 막장 드라마가 '공공의 적'으로 지탄 대상이 되고 있다.

케이블 TV도 아닌 사회 공공성을 강조한 지상파 TV가 인간의 도리와 사회 윤리를 저버린 패륜적 내용으로 시청률 전쟁을 전개하고 있는 것이다. 끔찍하고 소름끼치는 내용의 드라마가 아침저녁으로 안방에 밀려들고 있다. 얽히고 설킨 무리한 상황 설정과 말초신경을 찌르는 자극적인 장면의 막장 드라마로 시청자가 머리속으로만 그려봐도 낯간지러운 에

피소드를 수 십분 안에 몇 차례씩 펼치면서 불륜과 패륜의 오염 덩어리를 드라마란 이름으로 위장하면서 안방에 무차별 쏟아 붓고 있다.

시청률 경쟁에 눈 먼 방송과 그 파급력

문제는 시청자들이 욕하면서도 이런 드라마를 즐겨 본다는 데 있다. 저질 드라마는 사회적 지탄을 받고, 시청자들이 공분을 느끼지만 시청률은 40%대를 기록할 만큼 독보적이다. 아이러니하지만 현실이다.

이는 생활에 지친 시민들에게 마음의 위안을 주고, 삶의 활력소가 되는 오락적 재미를 제공하는 텔레비전 드라마에 맹목적인 도덕률을 강요할 수는 없다. 하지만 안방극장을 상대로 방송되는 TV드라마는 온 식구가 둘러 앉아 시청하는 매체이므로 특별히 관리되어야 한다. 제한된 공간과 연령별 등급제가 비교적 잘 지켜지는 영화상영관과는 달리 가족 공동 시청매체라는 점에서 주의를 기울여야 한다. 이는 가정이라는 공동체의 도덕적 가치를 도외시해서는 안 된다는 명제를 안고 있기 때문이다.

한국의 TV드라마는 삶에 지친 서민들을 위로하고 활력을 심어주었지만 최근 수년간 황당한 상황 설정과 패륜 불륜, 오염된 언어를 쏟아내면서 가정을 파괴하고 품격 없는 사회를 만드는 부정적인 역할을 해왔다. 그래서 '막장 드라마'라는 사회적 용어가 탄생하게 된 것이다.

저급 드라마가 미치는 사회적 악영향 중에서 가장 우려되는 사회 연령층은 청소년층이다. 청소년기는 감수성이 예민한데다 내재적 분노가 많은 시기여서 TV에서 홍수처럼 쏟아내는 패륜 드라마가 이들의 잠재된 분노와 제동력이 약한 욕구를 촉발시킬 가능성이 높다. 텔레비전에서 넘쳐나는 불륜과 외도, 성폭력, 목적을 위해서는 청부 살인을 자행하는 반인륜적 행위가 미성년자들에게 왜곡된 관념과 가치관을 심어주고 있다는 학부모나 시민단체의 지적을 남의 일처럼 콧등으로 돌려서는 안될 것이다.

전달력과 현장성이 강한 TV매체가 살포하는 패륜 바이러스가 미성년자에게 미치는 영향력은 절대적이다. 일례로 여자를 강간한 뒤 결혼하는 장면이 버젓이 지상파 드라마에서 방송되면 어린 아이들은 성범죄를 보편적인 현상으로 잘못 이해할 수 있다. 경찰청 통계에 따르면 미성년자 성폭력 피해자 수는 해마다 증가하고 있다. 상황이 이렇게 심각한데도 지상파 방송은 막장 드라마 방송의 축소나 새로운 드라마 제작은커녕 미취학 아동들이 접근하기 쉬운 아침드라마까지 불륜과 막장 드라마를 방영하는데 이는 방송관계자들의 의식에 문제점을 지적하지 않을 수 없다.

방송편성자들도 그래도 할 말은 있을 것이다. 변명삼아 늘어놓기를 사회적 상황이 그런데 어찌할 것이냐는 말로 대들 것이다. 그러나 브레이크 없이 달리는 기차처럼 끝길을 향하여 달리는 기차가 되어서는 안 된다. 막장 드라마는 시청자들에게 무의식중 가족을 경시하고 사회규범을 무시하는 경향을 심어주고 있다고 전문가들은 지적하고 있다. 특히 미성년자에게 미치는 영향은 더욱 직접적이다. 불륜을 동경하는 시청자들을 무의식중에 만드는 등 잘못된 동기를 부여해 단 한 번이라도 실제 불륜을 경험하게 하는 촉매 역할을 한다면 그 드라마의 사회적 폐해는 지탄받을 수밖에 없다. 가정주부들의 불륜에 대한 잦은 묘사는 시청자들로 하여금 불륜을 당연하게 받아들이는 역할을 했다고 할 수 있다. 이런 현상은 TV 시청자들이 불륜을 저지르고도 '자기 정당화 효과'를 은연중 심어줄 수 있다.

양식 있는 시청자와 시민단체의 지적에도 불구하고 이런 드라마가 아직도 기승을 부리고 있는 것은 방송사 간의 시청률 경쟁 때문이다. 시청률이 높아야 광고가 많이 붙는다. 1시간 방송하는 인기 드라마는 광고가 30여 개나 붙는다. 시청률이 높으면 예정했던 횟수를 연장해서 방송하고, 시청률이 저조하면 적당한 선에서 중단한다. 드라마의 시청률은 방송국의 수익은 물론 작가나 연출자의 생존과도 직결된다. 따라서 시청률을 높이기 위해서는 작가나 연출가는 자신들의 영혼까지 판다. 그들의 영혼 판매로 인성이 망가지는 것은 그들의 문제지만, 문제는 시청자들의 영혼이 파괴되고 인성이 마비된다는데 심각성이 있다.

방송사 자체의 양심적 정화장치 마련돼야

막장 드라마는 새로운 내용이 없다. 혼외정사, 출생의 비밀, 가족 간 유산다툼, 목적을 위한 청부살인, 처절한 복수로 이어지는 도식적인 스토리 전개방식을 되풀이 하고 있을 뿐이다. 이런 단순한 도식을 가지고 시청률을 높이기 위해서 온갖 잔인하고 엽기적인 묘사를 동원하고 있다. 방송의 공공성과 공익성은 외면하고 오로지 시청률만을 위해 경쟁하고 있는 안타까운 현실이다.

막장 드라마의 인간본성 파괴를 더 이상 두고 볼 수 없었든지, 아니면 시청자와 시민단체의 분노폭발이 두려웠든지 간에 방통심의위가 막장드라마의 뿌리가 뽑힐 때까지 규제를 하겠다고 나섰다. 그동안 변변한 대책을 내놓지 않고 있다가 여론이 비등하자 마지못해 칼을 뽑았는지는 모르겠지만 용두사미로 그치지 않았으면 하는 바람이다. 오늘도 막장 드라마는 지상파 전파를 타고 각 가정 윗목이나 아랫목에서 활약중이다. 방통심의위의 규제보다 방송사가 자체적으로 국민들의 안방극장의 질적 향상을 위해 발 벗고 나서야 한다. 그래야만 날로 커지는 지상파 방송의 악영향과 폐해를 막을 수 있다. 특히 미성년자에게 미치는 영향을 생각한다면 지상파 방송국도 더 이상 방관하며 미루어 둘 수 없는 실정이다.

안방까지 찾아든 동성애

몇 년 전 인기리에 종영된 MBC 드라마 〈커피프린스 1호점〉이 시청률 30%를 육박하는 대박을 터뜨렸다. 알고 보니 그 드라마의 흥행 키워드는 동성애였다. 특히 실제로 여자이면서 남자로 분장한 극중 인물 은찬을 사랑하는 한결이 "네가 남자건 외계인이건 이제 상관 안 해. 갈 데까지 가보자."던 대사는 이 드라마 동성애 코드의 핵심이었다. 물론 여성으로 밝혀져 '알고 보니 이성애'였다는 해피엔딩의 해프닝이었지만, 때문에 '커피프린스 1호점' 역시 '동성애=금기'라는 편견을 세련되게 이용하고 더 강화했을 뿐이라는 비판의 입방아가 나왔다.

여기에 최근 다양한 세대의 여성 동성애자들을 미화하는 KBS2 드라마 스페셜 〈클럽 빌리티스의 딸들〉은 우리사회 동성애 논란에 기름을 붓고 있다. 여성 동성애를 전면에 내세운 건 이번이 처음이기 때문이다. 이 드라마는 여성 동성애클럽을 운영하는 50대 중년의 여자들을 비롯하여 30대

커리우먼과 10대 여고생까지 각 세대를 대변하는 여성 동성애자들의 이야기를 그리고 있다.

이처럼 한국의 대중문화는 그간 이 사회에서 터부시되었던 동성애의 탐색전을 마치고, 이제는 본격적으로 안방에 진입시키고 있다. 이미 대한민국도 폭넓은 인권신장으로 그간 그늘에 가려져 왔던 동성애가 음지에서 양지로 나오고 있다.

90년대 초 미국 유학 시절, 충격적인 모습을 보게 되었다. 뉴욕 맨허튼 브로드웨이에서 끝없이 이어진 10만여 명의 동성애 퍼레이드를, 그리고 가정마다 3색 깃발을 꽂고 자신의 동성애를 인권이라는 이름으로 애써 밝히며 그들만의 천국을 이루고 사는 샌프란시스코 동성애 거주지를 충격과 안타까움으로 지켜보아야만 했던 문화적, 윤리적인 경험이었다. 그 단면을 한국 드라마에서 보는 것 같아 적잖이 놀라울 뿐이다 .

정말이지 마냥 이러한 동성애 코드의 드라마를 언제까지 '인권'적 측면에서 '재미' 삼아 보면서 은연중 확산을 조장해야 하는가 하는 문제는 한 번쯤 심각하게 생각해 볼 일이다. 왜냐하면 우주의 모든 질서는 음과 양으로 창조되어 있고, 음과 양의 주고 받음을 통해 존재하고 발전하게 되어있기 때문이다.

물론 성적소수자인 동성애에 대한 부당한 인격적인 차별은 금해야겠지만, 그렇다고 마냥 '인권'이라는 이름으로 동정할 수만은 없는 노릇이 아닌가.

2011년 8월

저출산 해소하여 젊은 한국을 만들어야

아이를 낳지 않으려는 저출산이 갈수록 심각해지고 있다. 농촌에선 아기 울음소리가 사라지고 도시에서도 일부 산부인과 병원을 제외하고 그 울음소리를 듣기 쉽지 않게 되었다. 그 반면에 노령인구는 급속히 늘어나고 있다. "아들 딸 구별 말고 둘만 낳아 잘 기르자."라는 산아제한 표현은 1960~70년대 정부가 시행했던 슬로건이다. 한국의 출산 정책은 70년대 이후 산아제한 기조를 유지하다 96년 신 인구정책을 수립하면서 비로소 인구 억제정책을 폐지하기에 이르렀다.

오늘날 저출산 문제는 일부 아프리카 국가들을 제외하고는 대부분의 세계 선진국가들이 겪는 공통된 고민이기도 하다. '맬더스'의 '인구론'에 나오는 '인구는 기하급수적으로 증가한다'는 그 유명한 생각도 이제 와서는 종말을 고하게 되었다. 통계개발원이 한국사회과학자료원에 용역 의뢰한 2009년 한국사회 동향보고서에 따르면 급격한 출산 저하로 지난 5년간 연평균 인구증가율은 0.3%에 그친 것으로 분석하고, 오는 2018년부터

인구 감소가 시작되어서 오는 2050년에는 4,230만 명으로 현재보다 13% 정도 감소할 것으로 전망했다.

대한민국에 저출산의 재앙이 엄습하고 있다. 통계청이 발표한 인구 총조사 결과 우리나라 출생률은 가구당 1.18명으로 OECD국가 중에서 가장 낮은 것으로 나타났다. 현 상태를 유지하기 위해서는 가구당 2.0명의 출산율이 있어야 하는데, 이 같은 현상이 계속되면 노동위기로 경제활동이 현저히 위축될 것으로 전망된다. 젊은 층(20대)이 결혼·임신·출산을 꺼리고 그로 인하여 인구가 줄면서 나타나는 부작용이 적지 않다. 결국 지난 10년 동안 정부가 출산율 감소를 방지하기 위해 추진했던 각종 지원책이 경제난 앞에서 그 효과를 거두지 못했음을 여실히 드러낸 것이다.

또한 결혼연령이 갈수록 늦어짐에 따라 자연스럽게 모母의 평균 출산연령도 상승하고 있음이 드러났다. 자료에 의하면 실제 모母의 평균 출산연령이 1998년 28.48세에서 2007년 30.59세, 2008년 30.82세로 계속 늦춰지는 것으로 파악되었다.

이러한 저출산 현상은 젊은 층이 결혼을 해도 과중한 교육비와 치솟는 집값 부담으로 아이를 낳을 엄두를 내지 못하기 때문으로 분석된다. 보고서는 또 지난 1980년대 말부터 결혼 이민자가 급증하면서 우리나라가 인구학적으로 다인종, 다민족 사회로 빠르게 변화하고 있다고 평가하고 인구 고령화가 심화되면서 10년 이내에 인구와 노동력이 감소할 것으로 예측하였다.

부부가 1.22명 낳는다

통계청의 '2010년 출생통계'에 따르면 그동안 정부의 저출산대책에 힘입어 지난해 출생아수는 47만 명으로 전년보다 2만 5000명 늘어났으며 합계출산율은 1.22명으로 전년보다 0.07명 증가했다. 연령대별로 30대 후반(30~34) 모母의 출생아수가 21만 5100명으로 전년보다 2만 3000명 증가하였고 모母의 출산 연령은 31.3세로 전년보다 0.3세 상승하였다.

그러나 '2010년 인구총조사' 결과(6.14)를 보면 작년 11월 1일 기준으로 우리나라 핵심생산인구는 1,953만 8,000명을 기록, 지난 2005년(1,990만 5,000명)에 비해 36만 7,000명이나 줄었다. '핵심생산인구prime age worker'란 생산가능인구(15~64세) 중 경제활동이 가장 활발한 시기인 25~49세에 해당하는 인구를 말하는데 저출산 여파로 산업현장에서 생산성이 가장 높은 '핵심생산인구'가 줄어든 것이다. 이러한 감소 현상은 경제 침체는 물론 국가, 가계, 개인 그리고 제도 등 경제 전반에 걸쳐 마이너스 파급효과를 가져 올 것으로 파악된다.

한국의 심각한 저출산에 대해 최근 미국의 워싱턴포스트WP는 〈과도한 부담감에 결혼과 출산 미루는 한국여성들〉이라는 특집기사에서 "한국인들은 다른 선진국 국민들에 비해 더 많이 일하고 잠을 덜 자는데, 여성들의 임금은 남성에 비해 낮다. 또한 임신을 하게 되면, 법적으로 보장된 출산휴가가 있는데 이를 사용자측에서 휴가를 사용하지 못하게 압력을 넣고 있다. 교육에서 남녀평등이 이루어진 덕분에 지난 20년간 전문 기술능력과 사회생활에 대한 여성들의 열망이 늘어 났지만, 이러한 여성들의 발전은 워킹맘을 소외시키거나 이들을 몰아내곤 하는 한국의 기업 문화와 충돌을 빚고 있다."고 했다.

따라서 한국 여성들은 회사에서 서열이 높아짐에 따라 스트레스를 줄이기 위해 결혼과 출산을 미루고 있다. 따라서 20~30대 미혼 여성 수는 급증하고 있다. 세계보건기구WHO에 따르면, 한국의 출산율은 3년 연속 세계 최저를 기록했다. 한국에서 30~34세 미혼 여성의 비중은 지난 5년간 10.5%에서 19%로 두 배나 상승한 것으로 나타났다. 그로인하여 인구 감소가 예상되는 한국은 3자녀 이상 가정에 대해 저금리 주택담보대출 등의 인센티브를 제공하며 출산 장려를 위해 분투하고 있다고 전했다.

여성가족부가 전국 20~30대 여성 1134명을 대상으로 한 조사결과를 보면 전체 응답자의 35%는 미취업 상태였는데, 일을 하고 있지 않은 가장 큰 이유로 '자녀 양육 및 교육(57.4%)'을 들었다. 여성들은 출산을 위한 중요 조건으로 46.3%가 '양육 부담을 덜어주는 사회적 지원'을 꼽았으며, 충분한 가정 소득(26.6%), 배우자의 양육 참여(7.8%) 등의 순이었다.

대한민국이 늙어간다

정부도 다급한 나머지 한나라당 의원 19명으로 구성된 저출산대책 특별위원회를 가동하고 우선적으로 도출한 결론에 대해서는 정부의 저출산 고령사회 기본계획에 반영시켜 향후 5년간 안정적인 재정지원과 함께 시행키로 했다. MB정부는 그동안 다양한 저출산 대책을 내놓았지만 별로 효과를 발하지 못했다. 따라서 정부는 지금부터라도 지속적이고 실효

청파동 경로원 할머님들께 노래 한곡 부르며

성 있는 특단의 저출산 대책을 세워야 할 것이다. 저출산 문제를 해결하지 못한다면 장기적인 관점에서 볼 때 한국 경제의 미래는 그리 밝지 못할 것이다.

때마침 이명박 대통령이 최근 "자녀를 3명 이상 둔 다자녀 가구에는 주택분양에 우선권을 주고, 분양가도 낮춰주고, 임대주택도 우선 공급하는 방안을 검토하라."고 지시했다. 이에 따라 해당 부처인 국토해양부가 다자녀 가구에 주택을 싸게 공급할 수 있도록 하는 방안 마련에 착수했다고 한다. 우선 다자녀 가구가 주택 구입 때 국민주택기금의 이자율을 더 낮게 적용하고 대출 한도를 늘려 주는 것을 검토하고 있는 것이다.

하지만 이러한 방법으로 미래 대한민국 고령사회를 대비하기에는 너무도 미흡한 수준임에 틀림없다. 적어도 젊은 사람이 미래 국가에너지라는 차원에서 좀더 파격적인 출산 장려책이 필요할 것으로 사료된다. 특히나 저출산으로 인해 필연적으로 다가오는 고령사회의 재앙은 대한민국의 총체적인 부실로 이어질 가능성에 대비하여야 한다.

따라서 지금이야말로 세 자녀 이상 가정은 '애국'하는 가정이라는 사회적 인식과 함께 세 번째 자녀부터 대학학비나 군 면제, 그리고 주택 분양가 할인 등 파격적인 혜택이 돌아갈 수 있는지 심각히 고민해야 할 시점이다.

다산多産이 결국은 '고생'이 아닌 행복한 가정의 지름길이 되는 제도적 보완이 시급하다. 아름다운 가족의 사랑이 다산多産에서 나온다면, 이는 곧 행복한 국가로 지향점을 찾아 나갈 것이다.

인구는 한 국가의 구성요소로서 매우 중요한 의미를 갖는다. 양적 질적 양 측면에서 인구는 국가발전에 큰 영향을 줄 뿐만 아니라 장래 사회 존속의 보장 여부를 결정짓는 지표가 되기 때문이다. 지금과 같은 저출산 상태가 계속된다면 결국 우리나라의 인구구조는 젊은이는 줄어들고 노인만 늘어나는 '늙은 국가'가 될 것이다. 어떻게 해서든지 출산율을 높여 '젊은 한국'을 만들어 나가야 한다.

2011년 8월

가족, 영원불멸의 가치

인터넷에서 우연히 네티즌 아마데우스라는 분의 '심사숙고 끝에 아이 낳는 것을 포기했습니다.'라는 글이 눈에 띄었다. 이 글은 5만 명 이상의 조회수를 기록하는 베스트 글에 선정되었다.

저와 제 아내는 그리 유복한 환경에서 자라지 못했고, 지금도 마찬가지입니다. 결혼을 조금 늦게 해서 전셋집에 살고 있습니다. 집을 사기 위해 돈을 어느 정도 모았고 지금도 모으고 있지만, 직장을 구할 수 있는 곳의 주변은 집값이 높게만 느껴집니다. 아마 지금 아이를 낳아 키우고 있는 분들도 동의하리라 믿습니다. 월급의 대부분을 사교육비에 집어 넣고 있습니다. 사교육이란 게 어떤 고소득층이 말하는 그런 호화과외를 말하는 것이 아닙니다. 유치원, 영어 학원, 기타 등인데도 그렇습니다.

웬만한 급여 가지고는 빠듯하거나 부부가 맞벌이해야 생활을 유지합니다. 교육을 받은 입장에서 애를 낳게 되면 대충 키울 수가 없습니다. 학교에서도 자녀들이 학원이나 기타 다른 것을 전혀 안 다닐 경우 왕따를 당하고 선생님들도 의아하게 생각 한답니다. 그래서 친구들과 잘 어울리지도 못한데요. 그렇기 때문에 부모들이 어쩔 수 없이 허리가 휘어진답니다. 저와 제 아내도 극심한 취업난을 뚫어 거의 전 30대가 넘어서 자리를 잡게 되었고 저의 아내는 30대가 다 되어 겨우 취업이 되었습니다. 솔직히 이것도 향후 10년 이후를 내다보기 힘드네요. 여하튼 취업하기 전까지 양쪽 부모님은 다 자란 자식을 뒷바라지 하느라 정신이 없었습니다.

현재 공부를 잘 한 아이조차도 미래가 불확실한 상황에 놓인 상태입니다. 심사숙고 끝에 저희 부부는 아이를 가지는 것을 포기했습니다. 미래의 아이에게 불행을 주기 싫어서 입니다. 능력이 안 되는 부모 때문에 혹시나 아이가 짊어질 상처를 주기 싫습니다.

이 글을 읽은 후 한참 동안 생각에 빠져들었다. 참으로 안타까운 현실이다. 나도 아이 셋을 키우는 가장이라 공감되는 부분이 없잖아 있었다. 결혼을 앞두고 있는 사람이나 이미 결혼한 부부들까지도 막연하게나마 미래에 대한 불안감이 생길 때가 있을 것이다. 노후를 생각하면 특히 불안감이 드는 건 어쩔 수 없는 현상이겠기에, 경제적인 면에서 자유롭지 못한 다수의 사람들은 공감할 수밖에 없으리라.

세계적인 작가인 조지 스위팅은 "현대의 가정은 정원이 아니라 정글이돼가고 있다. 현대사회의 위기 중 가장 근원적인 원인은 가정에 있다. 좋은 주택에서 살고 있으나 좋은 가정은 갖고 있지 못하다. 하우스House는 좋은 주택이나 홈Home은 병들어 있고 평안이 없고 행복이 없다."라고 현대 가정의 모습을 비교적 정확하게 평가한 대목이다. 물질문명의 발달로 인해 경제적인 여유가 생겨 개인적인 안락함을 누리고는 있지만, 가정 공동체에서 가족 구성원끼리 느끼는 사랑과 평화는 사라졌다는 이야기일 것이다.

지금은 인식 전환이 필요할 때다. 남들이 한다고 해서 반드시 그 길을 따라갈 필요는 없다. 자기 분수에 맞게, 자녀와의 대화를 통해 자녀의 지향점대로 양육하면 될 것이다.

주지하다시피, 우리가 잘 알고 있는 프로이드 같은 고전심리학자들은 인간의 성격 대부분이 5세 이전에 형성된다고 말한다. 이들의 주장을 보면, 바람직한 인격형성을 위해 가정교육이 얼마나 중요한가를 미루어 짐작할 수 있다.

가정은 인간이 최초로 사회화를 경험하는 장이며, 인격형성의 기틀을 마련하는 곳이다. 어린이는 가정에서 부모의 언행을 모방해서 따라간다. 어린이들은 가정에서 말을 배우며 인간관계를 배우게 되는 것이다. 그래서 가정은 어린이들에게 있어서 최초의 학교가 되는 셈이다.

학교교육의 현장에서도 부모의 사랑을 충분히 받는 아이들의 얼굴은 언제나 밝고 맑고 바르게 자라며 수업태도나 예절생활도 나무랄 데 없지만, 이혼한 가정의 편모 편부의 양육을 받은 아동들 가운데는 사랑결핍증이 있어 생활지도에 따른 애로사항이 많다는 게 일선 교사들의 변이다. 교사들은 '문제 자녀가 있는 곳에는 언제나 문제 부모가 있다'고 주장하고 있다.

그렇다면 오늘날의 가정은 어떠한가! 핵가족화, 배금주의 사조 등에 의해 가정에서의 교육적 기능은 미미해지고, 단순히 먹고 잠자는 기능만 하는 하숙집과 같은 곳으로 전락되고 있는 느낌이다. 기성세대는 내 이웃이야 어떻게 됐든 수단과 방법을 가리지 않고 돈 벌어 출세하고 보자는 물신주의에서 헤어나지 못하고 있다. 그뿐인가! 부모들의 자식에 대한 기대가, 더불어 사는 공동체의식의 함양보다는 무슨 수를 써서라도 좋은 대학에 가서 그 후에 성공해야만 한다는 쪽으로 자리잡은 지도 벌써 오래다.

삶의 참된 의미를 배우고, 더불어 사는 지혜를 터득하며, 민주시민으로서의 기본소양을 깨달아가야만 하는 가정에서 그 교육적 기능이 상실됐을 때, 이 사회의 미래는 어둡고 혼탁함이 있을 뿐이다. 건전한 가정이 있을 때 건전한 사회가 있고, 건전한 사회가 있을 때 건전한 국가가 있음은 당연한 이치가 아니겠는가!

내 어머니는 어려운 경제 여건 속에서도 6남매를 어렵게 키우셨는데, 지금도 형제 모두가 학교 다닐 때 힘겨워했던 지난 시절이 눈에 선하다. 그런데도 지나고 보면 그것은 아름다운 추억이었다. 그 이유는 모두가 힘든 시절이었지만 사랑이라는 가족의 울타리에서 살았고 지냈기 때문이다. 그리고 그것은 힘들 때면 부모님들을 더더욱 존경하게 만드는 힘이 되곤 하였다. 이제 나도 세 명의 자녀를 양육하면서 당시 부모님의 사랑과 희생의 마음을 번번이 느끼기 때문이다.

얼마 전에 여섯 자녀를 낳은 어떤 노인께서 '자녀 셋을 낳기 전에는 온전한 부모의 마음을 모른다.'고 강조한 말씀이 떠오른다. 멋있게 늙어가고 있는 그 분의 이 말씀은 나에게 더욱 의미심장하게 다가선다.

누구의 말대로 차라리 피할 수 없다면 당당히 즐기는 편이 좋지 않을까. 결혼적령기가 됐으면 결혼을 해서 사랑을 나누고 그 사랑을 후손에게 까지 물려주는 게 지극히 자연스러운 일이 아니겠는가. 우리에게는 종의 연결을 끊을 아무런 권리(?)가 없다고 생각한다. 다소 힘겨운 면도 있겠지 만, 사랑스런 아이를 낳아 당당하게 살아가는 아마데우스님의 모습을 보고 싶다. 그리한다면 분명 '돈'으로는 상상할 수 없는 가정의 행복이 성큼 눈 앞에 다가올 것이다. 가정은 우리 삶의 마지막 보루이기에 특히 그렇다.

2011년 1월

'세계인의 날'과 다문화가정

대한민국은 단일민족임을 자랑해 왔다. 하지만 엄밀히 민족의 시원을 따져 보면 그러한 주장은 설득력을 잃어간다. 원천적으로 '다문화 다민족 국가'라는 것이 이미 학계의 정설로 굳어져가고 있기 때문이다. 역사적으로 한민족은 삼국시대와 고려, 조선을 거치면서 한반도에 수많은 외국인들이 정착했다. 1985년을 기준으로 한국의 성씨 275개 중 136개가 귀화 성씨다. 대표적으로 여진에서 유래한 청해 이씨, 몽골에서 들어온 연안 이씨, 위구르에서 귀화한 경주 설씨를 비롯해 충주 매씨, 남양 제갈씨는 중국이 뿌리다. 베트남에서는 화산 이씨 이외에도 정선 이씨가 들어왔고 덕수 장씨는 아라비아에서 출발해 한반도에 정착했다.

그리고 현재에 이르러 국제결혼이 100명당 13명으로, 이러한 추세라면 향후 2020년엔 신생아 3명 중 1명의 다문화인이 태어나 다민족국가를 체감할 수 있을 전망이다. 하지만 이러한 현실과는 달리 단일민족임을 유난히 강조하였던 국민 정서는 혼혈에 대한 편견과 차별로 이어지고 있어 이에 대한 대책이 요구된다.

단일민족과 다문화

대표적으로 현행 역사, 도덕 교과서는 단일민족의 전통을 강조한 결과 어릴 때부터 혼혈인에 대한 자연스런 편견이 이어지고 있다. 즉 고등학교 국정교과서인 《시민윤리》에는 '우리나라는 단일민족 국가이다…피를 나눈 동포들에 대한 연대 의식으로써 민족 공동체 의식은 애국심과 비교될 만하다'라고 적고 있다. 《국사》교과서에도 '세계에서 보기 드문 단일민족 국가의 전통을 이어가고 있다'는 대목이 나온다.

혼혈混血은 '피가 섞였다'는 뜻이다. 순혈피에 다른 피가 섞였다는 혼혈이라는 용어부터 차별적 뉘앙스를 풍기고 있다는 지적이 나온다. 순혈純血의 반대말인 혼혈은 '차이'를 나타내기보다 '비하 또는 멸시'의 뜻도 내포하고 있다. 단일민족이라는 자체가 역사적으로 불가능한 근거다. 따라서 '핏줄'이라는 단일민족의 정체성도 그 뿌리가 없다. 따라서 단일민족이라는 틀을 뛰어 넘어, 초등학교 저학년 때부터 혼혈인도 당당한 우리 민족이라는 문화적 다양성에 대한 교육이 시급한 현실이다.

세계 속의 한민족

국민들을 계도할 만한 법이나 제도에 대한 정비가 필요한 시점이다. 이른바 '차별금지법'과 같은 제도적 틀 말이다. 과거 노무현 대통령도 재외동포 간담회에서 "우리나라도 이민을 받아야 할까 한다."면서 "문화적

2011년 7월 라오스 한 초등학교를 방문해 컴퓨터를 기증하는 모습

으로, 적응의 문제라든지 사회적 갈등 등의 문제에 대비해야 하는데, 많은 국가적 비용을 지불해야 하지만, 점차 세계화가 진전되면서 물건, 자본, 정보 그리고 사람까지 정착하는게 맞다."고 말한 바 있다. 이제 외국인 불법체류 문제와, 저출산·고령화에 따른 인력부족 문제의 근원적인 해결을 위해 이민정책을 시급히 손질해야 한다.

한민족은 같은 지역에서 동일 언어를 사용하는 정신적 의미의 단일민족임이 틀림없다. 하지만 더 이상 '핏줄'을 중심으로 논하는 시대는 지나가고 있다. 그러기에 역사적으로 서로 물고 물리는 약육강식 역사의 산물이었던 배타적 민족주의는 이젠 역사적 종언을 고해야 한다. 쇄국정책으로 성공한 나라가 없듯이 단일민족을 앞세워 세계를 지배한 나라가 있었던가.

이미 세계는 각 나라의 관세장벽을 없애는 등 무형의 국경선을 철폐하는 개방사회로 치닫고 있다. 이러한 시대적 환경 가운데서 한국 사회의 단일민족의 의미는 세계를 위한 민족주의에서 비로소 큰 빛을 발휘할 것이라는 생각이다.

대한민국 최다 성인 김해 김씨의 시조 김수로왕의 부인이 인도의 공주 허황후였다. 거기에다가 대한민국 초대 대통령 이승만의 부인 프란체스카 여사도 오스트리아 출신이었다.

1994년, 내 나이 서른 넷, 그 때 처음으로 밟아 본 미국 맨하탄 거리에서 본 오색인종의 물결은 미국 문화를 흔히 일컫는 '멜팅 팟Melting Pot(혼합된 덩어리)'의 위대한 미국의 힘을 느끼게 했다. 결국 이러한 물결은 지난 2009년 미국 최초의 흑인 대통령 오바마를 탄생시키기에 이르렀다.

유엔 인종차별철폐위원회CERD는 인종차별금지조약과 관련한 보고서에서 '한국이 단일민족을 강조하는 것은 다른 인종, 다른 국가 출신 사람들이 같은 영토 내에 함께 살며 이해와 관용, 우의를 증진하는 데 장애가 될 수 있다. 순수 혈통, 혼혈과 같은 용어와 더불어 종 우월적인 관념이 한국 사회에 널리 퍼져 있다'며 한국 내 이주 노동자, 외국인 여성 배우자, 국제결혼으로 태어난 혼혈아의 인권 문제를 집중 거론한 적이 있다.

이에 한국 정부에 다른 인종, 다른 국가 출신 한국 거주자에 대한 인권 의식을 높이기 위해 이들의 역사와 문화에 관한 정보를 초 · 중등 교과서에 포함하는 등 각 분야에서 적절한 조치를 취할 것을 제안하였다. 또 외국인 여성 배우자 문제와 관련해 별거, 이혼 시 법적 거주 지위를 보장하고, 국제결혼 중개기관 활동을 규제해야 한다고 강조했다. 이와 함께 "이주 노동자와 혼혈아 등 외국인에 대한 모든 형태의 차별을 금지하고 이들이 인종차별금지 조약에 명시된 권리를 누릴 수 있도록 관련 법규 제정 등 추가 조치를 취해야 한다."라고 지적했다.

그간 재일동포 관련 민족차별에 많은 비판을 받아 온 일본과 외국인 관련법규를 비교해도 오히려 한국의 민족차별이 더 심하다는 소식도 들린다. 때문에 금번 유엔의 권고는 21세기 한국의 바람직하면서도 시의적절한 국제화에 관한 지적이었으며, 이를 기회로 더욱 다채롭고 폭넓은 다문화 민족의 틀이 만들어지는 계기가 되어야 할 것이다.

정부에서는 다양한 민족적 문화적 배경을 가진 국내 외국인들을 이해하고 존중하는 사회를 만들기 위해 지난 2007년부터 매년 5월 20일을 '세계인의 날'로 제정하고 기념해 오고 있다.

'세계인의 날'은 바야흐로 외국인 100만 시대 '다문화'에 관한 긍정적 인식전환의 계기가 될 것으로 보인다. 다문화야말로 국제화의 주역이라는 자부심과 자긍심을 심어줄 수 있는, 실질적인 국가행사가 마련된 것이다.

한민족에 있어 '단일민족'이란 정신적 의미의 문화적 소산이다. 한민족이 '순혈주의 배타성'이 아닌 '포용적 다문화'로 변모할 때에 진정한 단일민족의 의미도 더해질 것이다. 그것이 또한 바람직한 시대정신이기도 하다. 다문화인의 자긍심으로 다가올 '세계인의 날'을 환영한다. 위대한 우리 한민족이 또다시 혈통적 포용성을 통해 세계로 퍼져나가는 '신한류'가 될 것을 의심치 않는다.

다문화국가를 준비해야

지난 2001년 그 끔찍했던 뉴욕 세계무역센터 9·11테러가 일어났을 때 테러현장 부근에서 그 참혹했던 현장을 직접 목격할 수 있었다. 이 사건 직후 당시 내가 존경하던 목사님은 이 소식을 듣고 3일 동안 식음을 전폐하다시피 하면서 '미국이여, 이슬람을 용서하라'고 밤새 기도했던 기억이 난다. 하지만 당시 조지 부시 미 행정부는 국토안보부를 창설하고 애국법을 제정했으며, 마침내 테러리스트 빈 라덴을 색출하기 위해 아프가니스탄을 침공하는 등 정치보복을 펴는 데 많은 시간과 인력과 자본을 쏟아부었다.

그로부터 10년 후인 지난 2011년 7월 22일 평화의 나라 노르웨이에서 기독교 근본주의자 브레이빅에 의한 끔찍한 테러가 발생했다. 오슬로에서 폭탄테러 이후 우토야섬 청소년행사장에서 무차별적인 총기난사로 자그마치 76명이 희생되었다.

하지만 노르웨이의 성숙한 민주주의는 세계에 이목을 집중시켰다. 테러발생 3일 후인 25일 오슬로에 모인 15만의 시민들은 장미꽃을 든 채 희생자 76명을 추모하며 용서와 관용을 빌었다.

그런데 금번 사건은 국제테러 조직도 아닌 한 개인에 의해 자행된 점

미국 기독교, 이슬람교 등 주요 종교지도자들과 인사하는 저자

그리고 인구 95%가 노르웨이인인 단일민족의 나라에서 인종과 이민을 이유로 벌어진 것이라는 점에서 어느 일면 한국적 상황과 비견되기에 이르렀다. 특히나 노르웨이 테러범 브레이빅이 '한국은 단일문화권 국가이며 살기 좋은 나라'라고 말한 내용이 국내에 알려지면서 큰 관심을 끌었다. 마치 이 발언은 이미 다문화국가로 접어든 한국이 단일민족의 정통성을 지키고 외국인을 적극적으로 배척할 것을 선동하는 것으로 들렸기 때문이다.

일부 한국 국민들은 먼 미래 우리 사회도 이제 다문화사회로 안전하지 못하다고 말을 하고 있다. 국내 외국인 거주자가 2.7%, 130만 명에 이르면서 외국인들에게 일자리를 빼앗기고 교육, 의료 및 복지 혜택이 상대적으로 줄어드는 피해의식을 지닌 채 다문화 포용정책에 반대하는 사람들도 점차 늘고 있다는 점 때문이다. 또한 한국에는 불교와 유교 등의 문화가 뿌리 깊게 있으며, 근대화 이후 기독교 등이 자리를 잡고 있는 상황이지만 주요 종교 간 깊은 대화가 이뤄지고 있지 않아 언제든지 갈등을 잉태할 위험성이 있다고 말하기도 한다.

금번 노르웨이 테러사건은 '문명 간 충돌'을 겪고 있는 세계에 하나의 지구촌으로 가는 열쇠로 '용서와 관용'이라는 새로운 화두를 던져주었다. 과거 9.11테러에서 보여주었던 미국의 대처와 금번 노르웨이의 성숙한 '톨레랑스(관용)'문화를 비교하면 그 결론은 자명해진다. 아브라함의 후손으로 갈려져 나간 형제인 이슬람과 기독교의 반목은 복수가 아닌 '용서와 관용'에서 이 저주스런 테러에 종지부를 찍을 수 있다는 것이다. 하지만 용서와 관용은 끝없는 인내와 희생을 요구하며 당장의 손해를 감수해야만 하는 과정을 거쳐야 한다. 지금 우리는 노르웨이의 톨레랑스를 보고 있다.

사실 지금 한국에도 각종 차별과 설움을 간직한 외국인들이 모종의 테러를 준비하고 있을지 그 누구도 장담할 수 없다. 한국인 유학생에 의해 32명의 희생자를 냈던 버지니아공대 총기난사 사건은 무엇을 의미하는 것일까? 때문에 우리는 그들에 대해 지속적으로 관심을 기울이고 보살피면서 민주적 소통을 공유해야 할 필요가 있다. 베트남, 필리핀, 태국 등 동남아에서 온 사람을 도와주면 우리 것을 잃는 것이 아니라 우리 것을 더 많이 얻는다는 사실을 깨달아야 한다. 한국에서 태어난 다문화 자녀들은 이미 두 개의 조국을 통해 향후 민간외교의 가교를 담당할 국제적 인재가 만들어지고 있음도 간과해서는 안 된다.

　　결국 대한민국 다문화국가는 선택이 아니라 역사와 시대의 필연이라 단언하고 싶다. 어느 시대든 역사적으로 융성하고 강대했던 나라는 다민족·다문화 국가였으며, 그런 국가의 유지와 발전을 가능케 한 원동력은 톨레랑스, 관용의 정신이었다. 복지와 평화의 국가, 노르웨이는 비록 참극을 당했지만 다문화에 있어서는 그 어느 나라보다도 관용적이었다. 대한민국은 이제 이런 나라들의 성공과 실패를 두루 살펴 새로운 다문화국가를 만들어가는 큰 정책의 틀을 구상하고 시행할 때가 되었다.

2011년 7월

학교 내 성범죄 대책은 무엇인가

'대낮에 초등학생 여아를 성폭행한 김모 씨(44)를 미성년자 성폭행 등 혐의로 구속했다. 그는 한 초등학교 운동장에서 A양(8)을 인근에 있는 자신의 집으로 납치해 성폭행한 혐의다. 조사결과 A양은 오전 10시에 시작하는 방과후수업을 듣기 위해 운동장에서 기다리고 있다가 안면도 없는 김 씨에게 납치돼 성폭행을 당했다. A양은 국부와 항문 등에 심각한 상처를 입어 5~6시간에 걸친 수술을 받은 것으로 알려졌다.'

–한 일간신문에서 발췌

한마디로 어처구니없는 일이 벌어졌다. 평일 백주 대낮인 오전 10시 그것도 학교운동장에서 발생한 것이다. 조사 결과 사건발생일은 마침 공휴일이라 학교 안전직원이 근무하지 않은 것으로 밝혀졌다. 그리고 평일 주간엔 봉사에 가까운 '학교지킴이'가 일용직, 야간엔 용역 직원이 학내 안전을 책임지고 있는 것으로 드러났다. 실제 전국 대다수 학교에서는 관리비 절감과 용이한 인력 운용을 위해 용역업체 또는 외부지원으로 운영하고 있어, 재발 방지를 위해선 다양한 대책이 요구되고 있다.

교내 폭력(성폭력 포함) 예방 대책으로 첫째, 스쿨폴리스(전문 순찰요원)를 반드시 학교 직영으로 두어 24시간 주기 또는 비주기적으로 순찰하게 하는 방안을 제시하고자 한다. 지금도 학내 사각지대에선 폭력, 집단 괴롭힘, 흡연 등이 끊이질 않고 있다. 하지만 현실적으로 교육당국에서는 비용절감을 이유로 '안전지킴이' 등의 비정규직화를 고수하고 있어 24시간 책임 있는 순찰에 한계를 드러내고 있다. 또한 서울시 예산으로 운영되는 '학교보안관'제도 자체도 지속성에 의문이 있다. 따라서 반드시 스쿨폴리스는 학교 직영으로 24시간 운영체제로 가동하여 학교를 더 이상 범죄의 온상이 아닌 범죄의 예방지대로 바꿀 필요가 있는 것이다.

둘째, 교육당국이 지속적이고 강력한 의지를 갖고, '순결교육'을 적극적으로 시행해야 한다. 실제 학교현장에서 언젠가부터 '순결교육'이 사라지고 있는 실정이다. 오히려 조심스럽게 '성교육'이란 명목 하에 '피임교육'이 이루어지고 있다. 최근 학생 간 심지어 사제 간 성추문이 끊이지 않는 이유는 무엇일까. 이미 교육붕괴는 사제 간 윤리 도덕 실종에서부터 시작되고 있다는 지적이 많다.

경찰 조사에 의하면 범죄청소년들은 한결같이 "인터넷에서 본 성인 비디오의 장면을 흉내내 보고 싶었다."고 말하고 있다. 이수정 경기대 심리학과 교수도 "성범죄를 저지른 아이들을 상담한 결과 대부분 포르노에 중독된 상태였다. 특히 포르노 만화는 극도로 폭력적인 데 반해 고통이 전달되지 않아 아이들에게 노출될 경우 범죄를 부추기게 된다."고 강조하면

서울특별시 청소년자원봉사단 발대식을 기념하며

서 "청소년 범죄에 대해 우리나라 소년사법제도는 비교적 관대하고 부모들도 피해자와의 합의 등 아이들을 감싸는 경향이 있어 청소년들이 보는 사법기관의 권위가 실추된 상태."라고 지적했다. 청소년들은 넘치는 음란물 속에서 자제할 줄 모르는 기질을 가지고 있다. 그리고 성심리가 격해지면 일종의 정신 질환으로 흐르기 쉽기에 예방하기가 무척이나 힘들 수 있다. 따라서 지속적이고 강력한 의지를 갖고, '순결교육'을 적극적으로 시행해야 한다. 순결의 고귀한 가치를 인식케 하는 바람직한 성교육이 주기적으로 그리고 반복적으로 진행되어야 한다.

셋째, 성폭행범의 형사처벌 연령제한 자체를 철폐하는 방안을 심도 있게 논의해야 한다. 최근 발생한 다른 사건에서 가담자 6명 중 1명이 만 14세 미만으로 형사처벌 대상에도 포함되지 않았다. 설사 구속되더라도 청소년이라 처벌이 가벼워 성폭행과 같이 재범률이 높은 범죄에 영원히 노출되기에 문제가 된다. 따라서 성폭행 청소년들에겐 남녀공학 학교에 복학 및 전학을 불용하는 단기적 대책도 세울 필요가 있다. 그리고 중장기 대책으로 성폭행범의 형사처벌 대상연령 제한 자체를 철폐하는 방안도 검토해야 할 것이다. 청소년 성폭행 방지를 위해선 강력한 법집행이 불가피한 시대에 들어선 것이다.

이웃 일본에서는 학원의 교육질서가 무너진 이른바 '학교붕괴'란 말이 일상화된 지 오래다. 수업 중 잠자는 아이들이 속출하고, 방과 후 1시간 전부터 화장하는 여학생, 그리고 사제 간 난교 등의 기사들이 삼류잡지를 도배하고 있다. 문제는 이러한 여파가 한국에도 물밀듯이 밀려오고 있다는 것이다.

무상급식 논쟁이 교육의 전부는 아니다. 배고픈 아이들에게 당장 절실한 것은 한조각의 빵일지 몰라도, 멀고 먼 인생길을 출발하는 우리 아이들에게 있어서 진정한 교육은 윤리 도덕적 틀을 만들어주고 길러주는 세심한 배려일 것이다.

작금 학교에서 '폴리스' 개념까지 등장한 것은 불행한 일일 것이다. 하지만 기본적으로 당장에 들이닥친 발등의 불을 끄면서 본연의 교육 질서를 잡기 위해선 과감한 조치가 필요하다. 누군가의 금전적 도움으로 진행되는 아르바이트식 학교안전은 현재 영악해진 아이들의 정서상 절대로 따라가지 못한다.

학교당국이 책임을 갖고 24시간 세심한 배려가 요구되는 '스쿨폴리스' 제도가 자리 잡히고, 인내를 갖고 지속적으로 순결교육을 시행하며, 또한 강력한 성범죄 관련 법 정비를 하여, 우리 자녀가 안전하게 공부에 전념할 수 있는 환경을 만들 때가 바로 지금이다.

2011년 1월

한자교육, 어떻게 해야 하나

　　며칠 전, 교직에 있는 후배로부터 들은 일화다. 인문계 고등학교인 그 학교는 국어과 심화과목으로 1주일에 두 시간씩 국어문법 수업을 진행해오고 있다. 교과내용에는 일상생활과 밀접한 사안들이 많이 들어 있어 유익한 과목 중 하나가 바로 문법인데 표준어와 방언, 사잇소리 현상, 외래어 표기법 등의 소제목들이 있어 이런 내용을 배운 다음에는 지식이 주는 아름다움을 느낄 수 있는 귀중한 시간이라고 했다.

　　2학년 이과 남학생 대상으로 한 문법 수업시간에 '사전적 의미'와 '함축적 의미'를 공부한 뒤 학습문제가 이어졌는데, 지문으로 이육사의 시 〈절정〉이 나왔다. 그래서 그는 그 날이 8일이어서 8번 학생을 불러 4연 8행으로 된 이 시를 읽게 했다고 한다.

"매운 계절의 채찍에 갈겨/
마침내 북으로 가다/

하늘도 그만 지쳐 끝난 高原"

　그런데 리듬감을 갖고 명랑한 소리로 잘 읽어나가던 학생이 '고高'를 읽은 다음 조용하더라는 것이다. 그 다음에 나오는 '원原'이라는 한자를 모르기 때문이었다. 이 때 교사가 쉽게 읽어주어 잠시 어색했던 그 장면에서 벗어났다고 한다.

　수업이 끝나고 쉬는 시간에 후배는 그 반 학생 중 유학 온 일본학생을 조용히 교무실로 불렀다. 평소 일본은 초등학교 때부터 한자교육이 잘 되어있음을 알고 있었기에 고高자와 원原자를 몇 학년 때 배웠는지를 물어봤다. 머뭇거리던 일본유학생은 초등학교 2학년 국어시간에 배우는 필수 한자라고 답변했다.

　극단적인 예이지만, 지금 우리 고등학교 교육의 실상은 이렇다. 부모의 성명은 물론이고 자기 이름마저 한자로 못 적는 학생들이 한둘이 아니다. 소위 우리나라에서 최고로 인정하는 대학생들에게 그들 부모의 성명을 한자로 물어봐도 일부는 못 적는다는 것이다. 심지어 옥편 찾는 법도 제대로 알지 못하는 현실이라고 개탄한다.

　한문은 역사 속에 면면히 이어 내려온 우리 문화유산의 한 부분이라는 점에서 논의의 출발점으로 삼아야 할 것이다. 세종대왕의 한글 창제 이전이나 그 이후에도 한자나 한문은 우리 문화의 일부였고 지금도 마찬가지라는 사실이다.

　다른 측면에서 보면, 한자와 한문이 언어 문자 정책 속에서 차지하는 비중은 현대에 들어와 점차 낮아지고, 앞으로는 우리의 언어 문자 생활 속에서 그 실용적인 측면이 약화돼 갈 수도 있다. 한자를 많이 모른다고 해서 생활에 불편함을 느끼지 않고, 한문을 많이 알고 있다고 해서 크나큰 이득이 생기는 것도 아니다. 그래서 학자들은 실용적인 측면이 아닌 도구적인 측면에서 바라보아야 한다고 역설한다. 특히 우리의 찬란한 문화와 전통을 이해하고 발전시키기 위해서는 그 무엇보다도 한자와 한문의 비중이 커질 수밖에 없는데, 곧 전통문화의 정신적 가치를 계승하기 위해서는 한문이 필수적인 요건이라는 것이다.

더 나아가 한문의 가치는 단순한 문자나 의미에만 국한되는 것이 아니고 과거 우리 역사나 동양의 문화를 대변하는 '문학과 역사와 철학'이 내포되어 있는, 동양의 정서와 일치되는 세계관 자체이다. 또한 과거에는 '문사철'이 개별적인 분야가 아니라 하나의 유기체처럼 서로 공유하면서 역사를 이루어 왔다는 사실을 염두에 둘 때, 한문에 대한 인식과 접근도 이러한 측면에서 이루어져야 하고 이어져 가야 할 것이다.

한자와 한문은 우리 생활 속에 깊이 뿌리내린 글임을 부정할 수는 없다. 한자어는 대개 개념어, 추상어로서 고유어에 비해 좀 더 정확하고 분화된 의미를 갖고 있어서 고유어를 보완하는 역할을 하고 있는 것이다. 즉, 고유어와 한자어는 오랜 세월에 걸쳐 우리말 안에서 공존하여 오는 동안 매우 특별한 관계를 맺은 것이다. 우리말 어휘의 60% 이상이 한자어임을 모르는 사람은 없을 것이다.

국제화 시대에 한자보다 영어가 우선임은 부인할 길은 없다. 미국에서 14년 동안 생활한 내가 현 정부의 영어중시교육을 비판할 마음은 없다. 하지만, 너무 국제화를 부르짖다가 기본을 무시하는 건 아닌지 한 번 생각해 봐야 할 시점이다. 물론 한글은 세계 최고의 과학적인 문자임을 잘 알고 있다. 하지만 우리의 한글을 더 멋지게 보충할 글자가 '한자'라는 인식에서 이젠 한자 교육이 국어 교육과의 유기적 협조관계 속에서 보다 더 내실 있게, 교육 현장에서 실용적으로 이뤄져야 할 것이다.

물질문명은 엄청나게 발전하여 우리의 생활은 풍요로워졌으나, 정신문명은 점점 쇠퇴해져가고 우리의 생활은 점점 더 각박해져가고 있는 것이 현실이다. 우리 선현들의 고매한 삶과 향기 나는 글을 과학적으로 연구하여, 오늘날에 맞게 되살려내는 일은 시대적 요청이 아닐 수 없다. 학생들에게 일정 수준의 한자 교육은 여러 가지 측면으로 볼 때 꼭 필요하다.

2011년 2월

체벌금지 교권강화, 무엇이 문제인가

"체벌 금지를 교권 약화·추락의 주범이라고 모는 것에는 전혀 동의하지 않는다. 학교 현장에서 권위주의를 걷어내는 과정에서 진통이 불가피한 측면이 있다."

"돌이켜 보면 교권을 침해하는 학생이나 학부모에 대해 좀 더 강력한 대책을 내놨더라면 좋았겠다는 생각이 있다. 필요하다고 판단되면 시의회와 함께 교권 보호 조례를 만드는 방안을 적극 검토하고 있다."

−2011. 6.28 곽노현 서울시교육감 취임 1주년 기자회견 중

지난 2010년 11월 1일 서울의 모든 초중고교에서 체벌 전면 금지가 시행되었다. 곽노현 서울시교육감이 그해 7월 체벌 금지 방침을 천명한 뒤 실행에 옮긴 것이다. 하지만 최근 지방의 한 고교생이 교무실에서 교사를 폭행하는 등 사건이 발생하면서 과연 정당한 체벌은 어느 정도라야 하는가? 이와 함께 간과할 수 없는 교사의 정당한 학습권 보장 논란이 뜨겁게 이슈화되는 등 그 부작용이 만만치 않게 대두되고 있다. 실제 교육현장에

서 '사랑의 매'가 없이는 올바른 교육이 이루어지기 어려운 학생들이 적지 않다. 제한적이면서 적절한 체벌을 통해 이들을 교육으로 끌어들이지 않으면 오히려 '교육 포기'가 될 수 있기 때문이다.

지난 2004년 대법원은 체벌에 대해 '다른 교육적 수단으로는 학생의 잘못을 교정하기 불가능한 경우, 사회통념상 용인될 수 있을 만한 객관적 타당성의 방법과 정도'를 예외적으로 허용할 수 있다고 판시했다. 곽 교육감의 '교육적 목적의 체벌금지'와 다소 상충적 내용이나, 실제 대법원 판례는 현실적 교육 환경과 문화에 적절한 수준이라고 보는 시각이 대다수다.

이에 금년 1월 17일 이주호 교육과학기술부 장관은 체벌금지와 대안, 학생자치활동 활성화, 학부모 상담제 도입 등의 내용을 담은 학교문화 선진화 방안을 발표했다. 이 방안에 따르면 두발·복장·소지품 등의 학생생활규정을 학칙으로 결정할 수 있도록 학교의 자율권이 확대되었으며 체벌금지의 유력한 대안으로는 출석정지 제도가 도입된다.

이주호 장관은 "일부 교육청의 학생인권조례 제정과 체벌금지 조치 이후 현장의 혼란을 극복하고자 교과부가 균형 있는 시각에서 다양한 의견을 수렴해 이 같은 안을 마련했다."고 설명했다. 이에 따라 이미 지난해 11월부터 시행되고 있는 서울시교육청의 체벌금지령이 무력화될 것이라는 논란과 더불어 일부 진보 성향 교육감의 반발이 예상되었다.

개정령 등에 따르면 신체나 도구를 이용한 직접적 체벌은 금지하되 교사가 즉각 시행할 수 있는 교육적 훈육인 간접체벌은 허용된다. 간접체벌의 구체적 내용은 학생 의견을 수렴해 학칙으로 정하도록 했다. 또 문제 학생에 대한 징계 강화 차원에서 출석정지가 도입된다. 출석정지는 1회 10일 이내, 연간 30일 범위 내에서 시행하고 해당 기간은 무단결석으로 처리된다. 출석정지 30일 이후에도 문제행동이 반복되면 학부모 상담 등을 통해 특별치료·대안교육을 받게 한다. 일부에서 검토된 학부모 소환제를 도입하지는 않지만 학부모의 책임의식을 높이기 위해 상담제의 법적 근거를 마련하기로 한 것이다.

교권은 일반적으로 학습권을 행사하는 교사들의 정당한 권리를 말한다. 이는 과거 80년대 민주화시대엔 악덕 사학의 부정에 저항하는 교사들의 저항적 의미로 진행되다가, 근년엔 교육 현장에서 부쩍 드세진 비교육적 일탈을 방지하는 의미에서 '교권보호'라는 말이 새롭게 대두되고 있다.

교육 현장의 교사들은 한결같이 "가정에 문제가 있는 학생들이 학교에서 다른 아이나 교사에게 폭력을 행사하며 욕구 불만을 해소하는 경우가 많다."고 말한다. 하지만 교사들이 강조하는 '가정교육'은 과거와 다르게 크게 후퇴하고 있는 현실이다. 교육학자들은 아이들의 교육에 지대한 영향을 미치는 기간을 초등 6년, 중등 3년 등이 포함된 약 10년이라고 꼽는다. 최근 게임중독에 빠진 아이들의 가정환경을 조사해 보면 상당수가 '맞벌이'가정인 것으로 나타났다. 다시 말해 하교하는 때 집에 '엄마'가 없는 아이들이 문제를 일으킨다는 것이다.

그러나 불행하게도 과거와 다르게 한국의 엄마들은 집에 있을 수가 없다. '고용불안'은 집안의 엄마를 집 밖으로 내몰게 했다. 기업은 적자생존의 글로벌 환경에 적응하기 위해 정규직보다 훨씬 많은 비정규직을 양산하면서 이와 함께 삼팔선 사오정 오륙도의 무자비한 고용 환경을 만들어 냈다. 이에 더 이상 아빠에게 생계를 맡길 수 없는 엄마들이 집 밖으로 나간 것이다. 여기에 결혼과 동시에 직장을 그만 둔 여성, 출산을 앞둔 직장 여성들도 직장을 그만두지 않고 일과 양육을 힘겹게 병행하는 일들이 일상화되었다.

이런 환경 하에 '가정교육'을 학교에서 떠맡게 됐으나, 이미 학교의 소화능력은 결코 가정교육을 커버할 수 없다. 부모의 말을 듣지 않는 아이들은 학교 교사들의 말을 들을 리도 만무하다. 교사들은 존경받는 부모가 아닌 타인의 한 명일 뿐이다. 그래서 아이들이 조금이라도 불이익을 받으면 모두가 익명으로 인터넷에 고발할 준비를 한다. 심지어 법적인 절차까지 따르게 된다. 이런 냉혹한 현실이 근본적으로 '학교붕괴'에까지 직면하게 됐다고 진단하는 바이다.

사실, 대한민국 교육현실 가운데, 진정 '교권'을 살리고 싶다면 우리 모두가 가정교육 현황을 먼저 돌아봐야 한다. 학교가 인성교육을 못시켰다면 실제 우리 가정에서는 그 무슨 인성교육으로 아이들을 지도했는지도 말이다.

이 사회의 가장 끈끈한 사랑의 공동체인 '가정'이 무너진다면 이를 기반한 사회, 국가 등 모든 구성체는 두말할 나위도 없이 무너지고 만다. 그런 의미에서 튼튼한 가정재건이야말로 우리 사회의 부실화를 막는 첩경임을 믿어 의심치 않는다.

체벌금지나 학생 인권선언은 두 번째 문제다. 핵심은 가정을 바로 세우는 것이다.

필자가 지금까지 주장하고 앞 장에서 피력한 삼대가 한 지붕아래 살게 되면 가정교육과 학교에서 일탈된 교육도 자연히 바로잡히게 되리라 확신한다.

2011년 9월

K-POP을 국가브랜드로!

2011년 6월 10일은 K-POP(한국가요)이 유럽에 상륙한 역사적인 날이다. 세계 문화의 중심지 프랑스 파리의 제니트 공연장에서, 한국 SM엔터테인먼트 소속 아이돌이 'SM타운 월드투어' 공연을 연 것이다. 이들은 LA, 도쿄, 상하이에 이어 첫 유럽 투어로, 문화대국 프랑스에서도 성황리에 공연을 마쳤다.

소낙비가 내리는 궂은 날씨였지만 1,000여 명의 관객이 공연 시작 5시간 전부터 몰려들었다. 무대 앞 입석표를 산 극성팬들은 3~4일 전부터 공연장 앞에 침낭을 깔고 노숙을 했다. K팝 스타들의 얼굴을 조금이라도 가까운 곳에서 보기 위한 경쟁으로, 노숙 같은 불편은 아무 것도 아니었다.

7,000석 규모의 공연장은 만원이었다. 공연장을 가득 채운 팬들은 프랑스뿐 아니라 영국, 이탈리아, 스페인, 폴란드, 체코, 세르비아 등 유럽 각지에서 몰려왔다. 공연이 시작되자 팬들은 국적, 인종, 나이 차이를 떠나

모두 함께 한국어 노래를 따라 부르며 가수와 관객이 하나가 되는 감동적인 장면을 연출했다.

K팝스타들은 빠른 템포로 쉴 새 없이 춤을 추면서 폭발적인 가창력을 보여줬다. 립싱크 없이 100% 육성으로 불렀고, 몸이 부서질 정도로 춤을 췄다. 공연의 대미를 참가팀 30여 명 전원이 무대에 나와 〈쏘리 쏘리〉를 열창하며 장식하였다. 유럽 팬들은 "사랑해, 사랑해!"라는 한국말로 작별을 아쉬워하며 화답했다. K팝스타들이 공연하는 3시간 동안 관객들은 춤추며 눈물을 흘리고 환호성을 지르며 열광했다. K팝스타들은 신이 났고, 관객들은 감동의 도가니였다.

K-POP의 유럽 인베이전Europe Invasion으로 불리는 이번 K팝스타들의 파리 공연 성공은 아시아의 조그만 나라 한국이라는 국가브랜드를 급상승시켰다는 점에서 큰 의미를 찾아야 한다. 50년 전만해도 유럽에서 한국의 존재는 미미했다. 남북으로 분단되어 전쟁을 치른 나라였고, 가난한 나라로 한국의 존재감은 없거나 있더라도 선진강국의 회사 상표로 값 싼 옷과 라디오와 신발을 만들어 팔고 유학생, 간호사, 광부 등과 같은 인력을 보내는 나라 정도의 인식이었다. 그 뒤 역경을 딛고 산업화에 성공하여 반도체, 선박, 자동차 수출에서 세계 선두권을 다투는 세계 10위의 경제적 성장을 했지만 문화적 측면에서는 중국과 일본에 끼여 동아시아의 변방국가에 머물렀을 뿐이다. 이런 나라가 이제 유럽에 문화를 알린 것이다. 유럽인들에게 한국의 인식을 바꾸는 결정적인 계기가 될 것이며 한국의 국가브랜드도 올라간 것이다.

한강의 기적에서 세계 속 한류로

한국은 전쟁의 참화와 역경을 극복하고 산업화에 성공, 수출로 '한강의 기적'을 이루고 경제적 부흥을 이뤘지만 문화적으로는 유럽에 뒤져 있는 것이 사실이다. 수출로는 세계경제 상위권 반열에 올랐지만 국가브랜드 이면은 허전하였다. 그것은 문화가 뒷받침을 못했기 때문이다. 하지만 이제는 문화적으로도 선진국과 동등하게 걸을 수 있다는 한국의 모습을 보여주었다. 아직은 유럽에 K-POP이 교두보를 마련한 정도지만 앞으로 더 진출할 수 있는 가능성을 보여줬다는 점에서 K-POP의 이번 파리공연은 상징적인 사건이다.

드라마에 이어 한류의 대표 주자로 떠오른 K-POP이 일본과 중국을 휩쓸고 난 후 동남아를 지나 유럽에서 열풍을 일으키며 문화대륙 유럽을 침공했다. 다음은 아메리카 대륙 진출이다. 한국의 아이돌 가수들이 뛰어난 가창력과 인형 같은 얼굴, 날씬한 몸매, 완벽에 가까운 안무와 지구인의 감성을 공유할 수 있는 사운드로 대기업의 브랜드가 해외에서 알려지듯이 한국을 대표하는 국가브랜드로 뜬 것이다. 이렇게까지 열풍을 일으키리라고는 예상하지 못한 아이돌 그룹의 K-POP 한류가 세계에 메아리치고 있다.

지난 5월 초 프랑스 파리 루브르 박물관 앞에서 젊은 백인 여자 300여 명이 춤을 추며 즐거운 시위를 하고 있었다. 행인들의 시선을 끈 그 시위는 정치데모가 아니라 6월 10일 파리에서 공연할 동방신기, 슈퍼주니어, 소녀시대, 샤이니, f(x) 등 한국 팝스타들의 공연 티켓을 구하지 못했다며 공연을 하루 더 해달라는 시위였다. 인터넷으로 판매된 공연티켓 6,000장이 발매 15분 만에 매진됐기 때문이다. 공연기획사인 SM엔터테인먼트는 프랑스 K-POP 열혈 팬들의 요구대로 10일에 이어 11일 공연 일정을 추가하였다.

유럽에서 한국가요에 대한 인기는 프랑스뿐만 아니라 영국, 독일, 스페인 등 다른 유럽 국가들에서도 나타나고 있다. 지난 2월 영국 런던 트라팔가 광장 옆 한국문화원 앞에는 '제1회 런던 K-POP의 밤' 행사장에 들어가기 위해 200미터 이상 인파가 이어졌다. 런던에서 600킬로미터 이상 떨어진 북쪽의 스코틀랜드에서도 이 공연을 보기위해 찾아와서 한국문화원 관계자를 놀라게 했다. 미국에는 원더걸스가 진출해 있고, 칠레 페루 등 남미 국가, 중동, 아프리카 젊은이들도 인터넷 매체와 유튜브를 통해 K-POP을 따라 부르고 한국 팝스타의 춤을 따라 춘다. K-POP은 이제 아시아를 넘어 세계로 뻗어나가고 있다. 한국가요는 삼성, LG, SK라는 브랜드와 어깨를 나란히 하며 한국 브랜드로 위세를 떨치고 있다.

세계 어느 대륙을 가도 한국 아이돌 팝스타의 노래와 춤을 만날 수 있다. 대륙과 인종을 가리지 않고 세계 어느 곳을 가도 젊은이들이 모이는 장소엔 K-POP을 만날 수 있다.지금은 K-POP을 알리는 수준에 머물고 있지만 머지않아 한국기업의 전자상품과 자동차 판매와 버금가는 문화상품을 팔 수 있을 것이다. 이렇게만 된다면 한류의 확산이란 문화 전파 외에 막대한 경제적 가치를 올릴 수 있을 것이다.

이제 한류의 주류로 떠오른 K-POP이 세계를 풍미하기 위해선 유럽의 음악시장을 석권해야 한다. 유럽은 세계에서 대중음악 시장규모가 제일 크다. 중국 1조 원, 일본 4조 원, 미국 6조 원에 비해 유럽은 7조 원 규모다. 아이돌을 비롯한 한국가요가 유럽시장을 만약 점령하게 된다면 그 열풍은 자연스럽게 아프리카 대륙을 거쳐 남미로 흘러간다. 그래서 유럽 문화의 중심지인 프랑스 파리에서의 한국 아이돌 그룹의 K-POP 돌풍은 출발이지만 청신호임이 분명하다.

K-POP이 세계의 젊은이들을 들끓게 하자 KBS2 〈뮤직뱅크〉는 세계 15개국에 방송되고 있으며 인터넷 매체와 유튜브를 통해 세계 64개국의 젊은이들이 K-POP을 따라 부르고 한국 아이돌 스타의 춤을 추며 같은 의상을 입고 심지어는 화장까지 따라한다. 한국을 찾은 외국 관광객들은 소녀시대가 광고모델로 나온 비타민드링크 빈 병 한 개를 3,000원에 산다고 한다. K-POP 열풍이 얼마나 뜨거운가를 상징적으로 보여준다.

국제 감각이 뛰어난 K-POP

한국 아이돌 스타의 노래에 세계의 젊은이들이 왜 이렇게 열광할까. 인형 같은 얼굴에 날씬한 몸매, 화려한 안무도 중요한 요인이지만 근본적인 이유는 노랫가락의 세계성에 있다. 한국 팝스타의 이번 파리 공연은 그동안 해외에 주로 소개했던 판소리 등의 한국 전통음악과 달리 현대 한국의 활기찬 모습을 보여준 모던 팝이었다.

작곡도 한국 작곡가가 아닌 유럽 작곡가들의 창작곡이다. 소녀시대의 〈소원을 말해봐〉는 유럽디자인뮤직팀이 곡을 만들었고, 동방신기의 〈주문 미로틱〉은 덴마크 작곡 팀이, f(x)의 〈CHU 러브〉는 스웨덴 작곡 팀이 만들었다. 한국 아이돌 가수들의 노래는 세계 동시대 젊은이들의 감성과 맞아떨어졌다. 지금까지의 유럽 노래는 청각 위주라고 볼 수 있다. 그러나 한국의 아이돌 가수들은 시각과 청각을 뛰어넘어 오감을 자극한다. 대부분의 유럽 노래는 가사의 의미 중심이어서 깊이는 있지만 어떻게 대한민국의 흥이라는 요소가 들어 있을 수 있겠는가? 유럽 노래의 이런 보수적인 색채를 한국의 아이돌 가수들이 일격에 무너뜨린 것이다.

미국의 마이클잭슨과 마돈나 같은 화려한 율동의 가수가 있지만 한 사람이 아닌 그룹이 이처럼 따라 부르기 쉬운 곡조와 독창적 춤으로 세계 젊은이들의 감성을 매혹시킨 예는 없는 것 같다. 한국 팝스타의 이번 파리 공연에 대해 현지 전문가들은 대부분 호평이었다. 공연이 끝난 다음 일부 유럽 언론이 음악 외적인 요소인 '노예 계약'과 '트레이닝 과정에서의 인권' 운운하며 시샘 어린 시선을 보내기도 했지만 팬들은 열광했고, 평론가들도 "K팝은 단순한 음악 장르가 아니라 일종의 무브망movement으로 자리 잡고 있다."고 말했다. 영국의 음반제작자는 "K팝스타의 파리 공연을 보면서 비틀스 공연을 보며 열광하던 팬들이 연상 된다."고 평가했다.

한류를 거슬러 올라가면 1960년대 이성애가 일본에서 〈가슴 아프게〉를 일본어로 불러 히트한 게 한류의 시초다. 한류의 출발은 가요였다. 한류가 한동안 뜸하다가 1990년대부터 〈겨울연가〉, 〈대장금〉 등의 드라마가 일본과 중국, 동남아를 풍미하면서 위력을 발휘하기 시작했다. 그러다가 드라마가 퇴조 기미를 보이자 곧바로 한국가요가 그 자리를 이어 받았다. K-POP의 중심엔 아이돌 스타가 있다.

한류, 21세기 문화 영토

한국가요가 아시아를 넘어 유럽에서 열풍을 일으키고 있지만 이제 걸음마 단계다. 진출이나 점령보다는 교두보를 확보했다는 것이 정확한 표현이다. 그러나 확산의 조짐이 보이고 가능성은 활짝 열려 있다. 한국 팝스타 공연을 연장하라고 시위까지 벌어지는 것은 얼마나 대단한가. 한류를 잘 관리하고 국가적으로 육성하면 전자제품이나 자동차 이상의 효자 수출상품이 될 것이다. 세계 극장가를 90% 이상 석권한 헐리우드 영화의 위력을 우리는 보고 있지 않은가. 영화나 가요는 문화상품으로써 국가 품격을 높인다.

한국의 연예기획사는 연예 영재를 조기 발굴해서 집중교육하고 독특한 뮤직비디오를 제작해 이를 세계시장에 홍보하는 노하우를 지니고 있다. 여기에 세계 각국 팬들의 기호를 고려한 맞춤형 글로벌 멜로디와 리듬, 댄스를 개발한다면 K-POP의 세계 제패는 이뤄진다. 한국은 세계 젊은이들에게 전할 인터넷을 위시한 IT기술은 세계 최고를 달리고 있다. 여기에 국가가 정책적으로 뒷바침된다면 K-POP은 날개를 달 것이다. K-POP이 세계를 제패하면 한국의 국가브랜드도 급상승한다.

21세기는 문명보다 문화가 지배하는 시대다. 한류를 잘 가꾸는 것은 그래서 국가의 책무다. K-POP의 유럽 진출을 계기로 우리문화의 발전을 새롭게 재점검할 필요가 있다. 오늘의 한국 K-POP은 80년대와 90년대 출판문화를 중심으로 뿌려진 씨앗이 중요 요인이라고 생각할 수 있다. 세계 10대 출판대국으로 성장한 출판계는 부수면에 있어서 세계 7대 강국이

K-POP 가수를 보기 위해 몰려든 유럽 팬들

되기도 했다. 이처럼 풍부한 문화환경 속에서 자라난 8~90년대의 아이들이 그 문화의 향기를 먹고 자라면서 오늘날의 K-POP으로 성장할 수 있었던 요인을 되돌아 봐야 한다.

지금 출판계와 서점이 아우성치고 문을 닫고 있는 실정이다. 혹자는 인터넷과 전자출판이 그 자리를 대신한다고 말하기도 하지만 그말에 귀를 기울이기도 하지만 전적으로 동의할 수 없다. K-POP이 놀리는 율동이나 환하게 웃는 웃음 뒤에는 감성적인 디지털이 밖으로 내뿜는 빛이라면 그 빛을 끊임없이 내보내는 원동력은 디지털이 아닌 아날로그적인 바탕에 있기 때문이다. 바로 그 아날로그적인 바탕이 각 개인의 인격을 가다듬은 문화의 뿌리라고 말할 수 있다.

그런 자양분을 80~90년대 책을 통하여 지식을 함양하고 그 위에 인터넷을 통하여 더 세련된 모습을 갖춘 모양이 오늘날의 K-POP이라고 말할 수 있기 때문이다. 따라서 문화는 하루 아침에 이루어지는 것이 아니라 꾸준히 가꾸고 길러내는 것임을 잊지 말아야 한다. 이것이 오늘날 우리의 중요한 문화상품이 된 것이다.

2011년 8월

함께 누리는 경제의 꿈

금융위기의 파고는 높아만 가고
이명박 정부의 '기업 프렌들리'정책은
약자의 허리띠를 조른다
'시장'이란, 단지 경제 양극화만을
불러일으키는 자본주의의 결과물이란 말인가
함께 누리는, '한국실정에 맞는 경제 정책'을
조속히 만들어 선진복지 사회로
내딛어야 한다

경제성장의 과실은 어디로 갔나?

오늘의 한국 사회를 보며 경제성장이 국민 모두에게 행복을 가져다준다는 주장은 결국 근거 없는 희망에 불과하다는 결론에 이르게 되었다. 왜 경제가 성장할수록 부자들은 소득이 35%나 증대하며 휘파람을 부는데 서민들의 삶은 피폐해지는가. 한국은 산업화는 성공했지만 그 성장 과실이 특정기업과 특정계층에만 치우쳐 서민들의 삶은 상대적으로 취약해졌다.

대기업은 해마다 수십조 원에서 수백조 원의 영업이익을 내고 연말이면 수조 원의 보너스 팡파르 나팔을 부는 데 비해 중소기업은 대기업의 횡포에 시달리고 있다. 그런가 하면 중소기업은 쥐꼬리만한 영업이익에 매달리면서 부채에 허덕이고, 저소득층은 해마다 25%의 소득감소로 생존 자체에 급급하고 있는 실정이다.

시장경제라는 달콤한 미소 속에 한국 사회의 통합을 가로막는 분쟁의 키워드는 '재벌'과 '개발'이라고 해도 지나친 표현은 아니다. 대기업이 우리나라의 산업화에 공헌은 했다고 하지만 급격하게 몸집을 키운 재벌은 탐욕스런 치마를 입고 한국 경제를 지배하면서 한걸음 더 나아가 사회를 움직이고 정부까지 흔들려 하고 있다. 정부의 온갖 지원과 세제 혜택, 정경유착으로 몸집을 키워 세계적인 기업으로 성장한 재벌은 영업이익의 천문학적 현찰을 금고에 쌓아두면서도 새로운 투자처와 일자리 창출에는 성의를 보이지 않고 기업 보신에만 전력투구하고 있다. 한국의 재벌은 저소득층과 빈민층은 외면한 채 오로지 이익축적에만 올인하고 있다. 미국의 빌 게이츠와 워런 버핏의 '부의 사회적 환원'을 굳이 내세우지 않더라도 한국 기업의 사회적 역할을 기대하는 것은 큰 무리일까. 대기업과 부자들이 '사회의 소외된 계층과 함께 가야 시장경제는 성공할 수 있다는 자본주의의 소박한 진리를 한국의 재벌과 부자들은 모르고 있는 것일까.

한국 경제 개발지상주의의 상징인 '뉴타운 사업'도 부동산 값만 천정부지로 올리고 서민들의 내 집 마련의 꿈을 짓밟고 세입자를 길거리로 쫓아냈다. 게다가 국회의원 몇 명을 당선시킨 정치적 실익을 챙긴 후 한계에 부딪치자 지금은 손을 든 상태다. 천정부지로 오른 물가로 저소득층의 삶만 어려워지고 고달프다.

서민을 대상으로 한 '뉴타운 비지니스'

낙후된 주거환경 개선보다 정치적 목적과 대형건설사의 폭리를 위해 시작되었다고 생각할 수밖에 없는 총 331개 지역 뉴타운 사업을 서울시가 마침내 전면 재검토한다는 방침에 이르렀다. 서울시는 주민들이 뉴타운 사업 지역 지정 해제를 원하면 해제하기로 방침을 정했다. 뉴타운 사업은 이명박 대통령의 서울시장 당시 역점사업으로 시행되었지만 재개발로 부동산 가격이 폭등하고 그 그늘에 가린 도시 영세민은 거리로 내몰렸으며 정치적으로 이용까지 당하는 신세가 되었다. 18대 총선에서 서울의 한나라당 후보들이 뉴타운사업 공약으로 야당 후보들을 물리치고 대거 당선되었다. 하지만 부동산 경기의 장기 침체로 85%가 착공도 못하고 분쟁에 싸였으며, 주민들은 그동안 재산권행사를 행사하지 못해 반대가 심했다. 지금도 뉴타운사업 지역으로 지정된 서울의 곳곳에는 기존 건물만 철거된 채 허술한 가림막 안으로 쓰레기만 잔뜩 쌓인 공터를 볼 수 있다. 빈민층의 세입자만 쫓아내고 도시의 흉물로 남아있는 실정이다.

뉴타운 사업이 도시의 흉물로 남아 사회적 이슈로 비화된 것은 뉴타운 지구에 거주하는 주민들의 대부분이 저소득 빈민층이어서 아파트를 구입할 능력이 없는데도 사업을 강행한 탓이다. 앞서도 언급했지만 정치적 목적과 대형 건설사의 이익 추구와 한몫 잡으려는 지주, 브로커의 탐욕이 한데 어울려 소외계층의 생존을 무시했기 때문이다. 뉴타운사업지구 내 원주민이 재입주하는 비율이 20%이고 나머지는 생활 근거지를 떠나 도심 외곽과 경기도 등지로 밀려날 수밖에 없다. 도시 저소득층이 입주할 수 있는 저렴한 가격의 전월세 소형 주택의 건설 없이는 뉴타운 사업은 결코 성공할 수 없을 것이다. 뉴타운 사업은 처음부터 소외계층을 도외시한 사업으로 진즉 불씨를 안고 있었다.

MB정부는 사회통합과 친서민정책을 내세웠지만 전시행정 구두탄으로 끝날 공산이다. 저소득 빈민층의 보살핌 없이 어떻게 사회통합이 이뤄지겠는가. 저소득 빈민층도 당당한 대한민국 국민이고, 자본주의라는 제도에서 힘겹게 살아가고 있는 우리의 이웃이다. 지금 한국 사회는 곱지않은 표현이겠지만 '부자 세습'이 고착화되고 있다. 돈이 있어야 과외공부도 받고 그래서 인맥도 가질 수 있다. '개천에서 용 난다'는 말은 구시대에 통했던 박물관 속의 유물이라고 할 수 있다. 세속적 탐욕주의, 출세 지상주의, 이기적 배타주의가 횡행하는 한국사회에서 가난한 집 아이들은 과외도 못 받아 일류대학 진학도 어렵다. 설령 일류대학에 입학한다 해도 일년에 천만 원에 육박하는 비싼 등록금을 마련하느라 아르바이트에 시간을 뺏겨 부잣집 아이들과 경쟁에서 뒤진다. 성적에 뒤진 가난한 집 학생들은 취업에서도 밀리기 마련이다. 지금 한국 사회에서 계층 올라가기 사다리는 부잣집 아이들에게만 존재한다. 저소득층 아이들에겐 상대적 박탈감의 어둔 그림자만 가슴 속에 쌓이고 있다.

그럼 IMF 이후 더 열악해진 중소기업에 대한 육성정책은 어떤가? 얼마전 중소기업에 투자하고 육성하는 초과이익공유제도 일부 자본주의 시장경제 맹신론자들의 반발에 부딪쳐 사회주의적 발상이라는 오명을 뒤집어쓰고 좌초되거나 변질될 운명에 놓여 있다. 한국 최고의 재벌 삼성그룹 이건희 회장은 초과이익공유제를 "경제학을 공부했지만 자본주의 용어는 아니고 사회주의 용어 같다."고 매도했고 정부 각료인 최중경 지식경제부 장관도 "실시해서는 안 되는 제도."라고 거들었다.

대기업과 중소기업이 공존하면서 함께 번영하자는 이 정책에 재벌들은 왜 그렇게 반대할까. 이유는 간단하다. 영업이익을 나누지 않고 독식하겠다는 것이다. 하청업체인 중소기업의 협력 없이는 대기업이 돌아갈 수 없다는 사실을 망각한 것이다. 최근, 자동차에 들어가는 천 원짜리 링을 생산하는 업체가 노사분규로 휴업하자 거대한 대기업 자동차 공장이

멈추지 않았는가. 대기업과 하청업체인 중소기업은 동반 관계이기 때문에 동반성장해야 한다. 그래야 한국경제가 발전한다. 대기업이라고 왜 이런 사실을 모르겠는가. 다만 독식이라는 탐욕에 눈이 멀어 멀리 보지 못할 뿐이다.

초과이익공유제는 사회주의 분배정책이 아니고, 성장기여도에 따른 보상정책도 아니다. 협력업체의 생산성 향상, 기술 개발, 고용 안정 등을 유인하여 미래지향적 협력을 강화하자는 취지다. 중소기업은 306만 기업군으로 99.9%를 차지하고, 고용도 88%를 담당하고 있다. 종사자 수도 대기업이 160만 명인 데 비해 중소기업은 1,175만 명에 달한다. 그러나 세전 이익은 대기업이 8.4%인 데 비해 중소기업은 2.9%에 불과하다. 중소기업은 천 원짜리 물건을 팔아 29원의 세전이익을 얻는데 비해 대기업은 84원의 세전이익을 얻었다. 중소기업도 적정이윤과 제값을 보장받아야 인력을 써 고용률을 놓이고 기술개발도 하여 설비투자에도 눈을 돌릴 수 있다.

대기업만을 위한 '대기업 프렌들리'

대기업은 수십조 원의 영업이익을 내고 임직원이 수조 원의 성과금 잔치를 벌이면서 하청기업의 단가를 잔인하리만큼 인하시키고 신기술은 빼앗아 버린다. 일부 보수주의자와 시장 맹신론자들은 '시장이 모든 것을 해결 한다'는 사고방식을 추종하지만 시장은 전능하지도 않거니와 전천후 해결사도 아니다. 2008년 미국에서 시작한 금융위기는 시장경제의 허점을 여과 없이 드러냈다. 자본주의의 대부인 아담 스미스도 자본주의가 성공하려면 소외된 이웃과 함께 가야 한다고 강조하였다.

공정거래위원회에 따르면 20대 재벌기업 계열사의 숫자는 이명박 정부가 출범한 2008년 4월 678개에서 2011년 922개로 244개(36%)가 늘었다. 20개 재벌기업 자산 총액도 683조 6,000억 원에서 1,054조 4,000억 원으로 370조 8,000억 원이나 증가했다. 이처럼 재벌기업 계열사가 늘어난 것은 2009년 출자총액제도가 폐지되면서 회사 설립 부담이 줄어든 데에 기인한다. 이명박 대통령은 친서민정책을 내세웠지만 내막으로는 친재벌정책임이 여실히 드러난 것이다. 재계 1위 삼성은 계열사가 2008년 59개에서 2011년 78개로 19개(32.2%)늘어났고, 자산은 144조 4,000억 원에서 230조 9,000억 원으로 86조 5,000억 원이 늘어났다.

기업이 정부와 결탁해 정치, 경제, 사회, 문화 전반에 걸쳐 강력한 지배력을 행사하는 것을 코포라티즘coporatism이라고 한다. 삼성 등 한국의 대기업은 어떤 형태는 코포라티즘을 행사하고 있다. 산업화를 시작할 무렵에는 자본을 집중시켜 파이를 키워야하므로 재벌기업 육성이 불가피했지만 세계 10위의 경제대국으로 우뚝 선 이제는 대기업은 중소기업과 동반성장이 필요한 시점이다. 아울러 소외계층을 위한 사회분배나 복지에도 과감히 투자할 때다. 대기업의 영업이익 사회분배는 단순한 기부가 아니라 먼 미래의 투자다.

한국은 경제성장의 과실果實이 대기업 등 상위소득 20%에 쏠려 있다. 그런 한편 부동산종합소득세 폐지로 96조 원의 조세수입을 잃었다. 이 금액이면 초ㆍ중교 무상급식과 대학생 등록금을 반액으로 낮출 수 있다. 종합소득세 폐지로 부자들만 파이를 얻게 된 것이다. MB정부 들어서 계층 간의 빈부 차이는 더욱 커졌다. 부자는 더욱 부를 쌓고 가난한 사람은 더 가난해진 힘든 시기였다.

한국의 대기업은 세제 혜택과 정부의 배려 속에서 성장과 수출에 호조를 보이며 엄청난 이익금을 금고에 산처럼 쌓으면서 막강한 부를 축적하고 있다. 이렇게 이익의 극대화를 누리면서도 투자에 인색해 고용창출에 큰 기여를 못하고 있다. 오히려 중소기업이 고용의 88%를 차지하고 있다. 대기업은 이런 중소기업을 하청납품업체로 거느리면서 납품단가 인하하기, 기술 양보받기 등의 횡포를 부리며 재벌공화국을 만끽하고 있다.

대기업은 법인세 세율이 높아서 투자를 망설이고 있는 것이 아니라 투자처를 찾지 못해 돈을 쌓아두고 있는 것이다. 소득세 감세로 고소득자는 세액이 줄어든 대신 저소득자는 오히려 세액이 늘었음이 봉급액수에 따른 소득세표에서 뚜렷하게 나타나고 있다. MB정부는 대기업의 투자를 늘리고 부자들의 소비를 촉진시킨다는 명분으로 소득세와 법인세를 감면했지만 그 효과는 미미하게 나타나고 있다. 대기업은 금전만 금고에 쌓아놓고 마땅한 투자처를 찾지 못해 망설이거나 투자를 기피하고 있다. 대기업이 투자를 늘려야 고용이 늘고 파이도 커질 텐데 부자들은 소득세 감면과 상관없이 사고 싶은 명품만 사고 망설인다. 그리고 마땅한 물건이 없으면 국내보다 외국에 나가 골프하고 쇼핑도 한다. MB정부의 감세정책은 효과를 보지 못하고 오히려 중산층만 몰락시키고 빈곤층과 부유층 양극화만 극대화시켰다.

중산층의 67.1%가 MB정권은 상위층 이익만 대변하고, 60%는 법집행이 불공평하며, 80%는 소수 권력자가 정부와 정치를 좌우한다고 말하고 있다(2009년 동아시아연구소 조사). 한국의 중산층은 아무리 일해도 희망이라는 어려운 사다리에 못 오르고 있다. 10년 사이에 중산층 5가구 중 1가구는 빈곤층으로 떨어지고 있다. 중산층에게 희망의 사다리가 끊어진 지 오래다.

부자 빈자가 함께 사는 인정사회 구축을

한국은 산업화와 경제성장으로 물질적 성장을 이뤘지만 삶의 질은 그에 비례하지 않는 것으로 나타났다. 유명한 시사 주간지와 국가의 글로벌 랭킹Global Ranking을 매기는 관련단체의 조사에 의하면 '한국인은 물질적 풍요를 이뤘지만 육체적 정신적으로 힘들고 통제된 삶을 사는 불안한 우등생'으로 비치고 있음이 드러났다.

한국은 수출, 국내총생산, 국방비 등 경제규모 면에서 세계 11~13위에 랭크되어 있지만 취업률, 소득형평성, 성평등, 치안 등 사회안전망, 여가를 누리는 삶의 질 부분은 낮은 평가를 받고 있다. 경제성장에도 불구하고 저소득층의 삶의 여건은 진전이 없고, 상대적 빈곤의 골은 더욱 깊다.

인간은 삶이 무서워 국가를 만들고 죽음이 두려워 종교를 만들었다고 한다. 현대사회는 적자생존의 법칙의 지배가 아닌 부자나 빈자나 모두 함께 더불어 사는 사회로 변하고 있다. 자유시장경제는 카지노 자본주의에서 분배자본주의로 발전하고 있다. 저소득 빈곤층 등 소외된 계층을 안고 가는 것이 자본주의 정신이다. 빌 게이츠나 워런 버핏이 살아있는 증인이다.

2011년 5월

서민만 잡는 물가폭등,
정치 땜질보다 근본대책 세워야

장마 직후 집 근처 마트에서 상추가 100그램당 3,500원, 삼겹살이 3,000원으로 '삼겹살에 상추를 싸먹어야 하는 현장'을 목격했다.

연초부터 생활물가가 폭등하더니 물가가 널뛰듯 춤을 추고 있다. 정부는 올해 한국 경제의 목표를 5% 성장률, 3% 물가상승률로 잡았다. 이명박 대통령이 신년사에서 밝혔지만 목표 달성에 빨간불이 켜진 듯 싶다. 5% 경제성장도 어렵지만 특히 물가는 연초부터 전방위적으로 폭발해 3%에 묶어두기는 도저히 어려울 것 같다. 2011년 1월부터 물가상승률은 4.2%를 기록하였다.

물가는 지난해 하반기부터 크게 치솟았다. 정부는 작년 물가상승률을 2.9% 선에서 막았다고 자랑했지만 작년 12월 3.5%를 넘었다. 시장에서 소비자들이 느끼는 물가는 이보다 훨씬 높다. 원유 수입가 인상과 기상이변의 변수를 감안하더라도 1년 전과 비교해 생활물가 인상률은 천정부지다. 수입이 늘지 않는 상태에서 물가폭등으로 서민들의 생활만 위축되고 고달프다.

고등어 값 200%, 배추 100% 오른 것을 비롯해 무, 파, 마늘, 계란, 사과, 토마토, 두부, 고추장까지 밥상에 꼭 필요한 농수산식품 중 어느 하나 안 오른 것이 없다. 유류 값과 도시가스 요금, 설탕도 올랐다. 구두, 양복 값도 더불어 올랐고 서비스 요금인 미용실 커트 값도 60% 이상 올랐다. 올 하반기에는 대중교통 요금도 오른다고 하고 새 학기 대학 등록금은 몇 퍼센트 오를지 관심이 집중되고 있다. 2011년 하반기에는 대중교통 요금과 공공요금도 오른다고 한다. 밥상물가 폭등에 비싼 등록금, 대중교통 요금, 공공요금까지 오르면 저소득층의 시장바구니는 더욱 옹색해질 것이 뻔하다.

대학 등록금 1천만 원 시대

특히 대학 등록금은 한해 1,000만 원에 달하는 금액으로 세계에서 미국 다음으로 높다. 서민들의 가계소득 수준에 비해 지나치게 높은 금액의 대학 등록금은 일부 부유층을 제외하고 대부분의 가정에선 가계에서 차지하는 비중이 높아 많은 대학생들을 아르바이트로 내몰고 신용불량자로 만든다. 견디다 못한 대학생들은 마침내 서울 청계광장의 촛불시위로 폭발했다. 대학생들의 등록금 인하 촛불시위와 정치권의 등록금 반액 인하 논쟁은 올 여름을 한층 뜨겁게 달아오르게 했으며 우리 사회의 최대 화두로 떠올랐다.

이처럼 동서남북을 둘러봐도 물가 오르는 소리가 폭포수처럼 들리는데 정부는 만만한 민간 기업에 대한 제품 값 '인상 억제' 협박 같은 해묵은 레코드판 돌리기식 발표만 거듭하고 있다. 이미 고삐가 풀린 물가를 잡기에는 역부족이다. 임기응변이나 임시처방, 정치적 대응만으로는 망아지처럼 날뛰는 물가를 잡기는 어렵다. 근본대책을 세워야 한다.

작년 하반기에 터진 미증유의 김치대란은 지금도 우리 국민들의 가슴에 아픈 상처로 남아있다. 정부의 온 관심이 G20 행사에 쏠려있는 가운데 난데없는 김치대란이 터진 것이다. 배추 한 포기에 1만 2,000원이 넘는 가격으로 폭등했기 때문에 서민들 밥상에서 김치가 사라졌었다. 김치가 아니라 금치로 변했다. 배추 값이 올라도 너무 올랐다. 기후 돌변으로 치부하기엔 정부의 사전대비와 사후대책이 너무도 소홀했다. 한국인의 밥상에서 김치는 밥과 함께 없어서는 안 될 주식이다. 한국을 대표하는 식품이요, 한국인의 주식인 이 김치가 서민들에게 그림의 떡이 된 것이다. 한 포기에 1만 2,000원 하는 배추를 사서 김치를 담을 서민들이 얼마나 있겠는가. 그 때 식당에서도 김치가 사라졌었다. 김치대란으로 서민들의 한숨이 깊어갈 때 정부가 내놓은 대책은 중국 배추 200톤 무관세 수입이 고작이었다. G20이란 국가행사도 중요하지만 그보다 더 중요한 것은 서민들이 먹고 살 밥상물가 안정이 최우선 과제다. 이명박 대통령이 국정지표로 '공정한 사회'보다 먼저 내놓았던 '친서민정책'은 김치대란으로 단숨에 실종되고 말았다.

친서민정책의 근간은 서민들의 밥상물가 안정이다. 서민들의 밥상에 오르는 장바구니 물가, 특히 배추, 무, 오이, 파, 호박 등 채소 값은 서민들의 가게에 합당한 값으로 안정을 유지해야 서민들이 근심 없이 일상을 유지할 수 있다. 배추 한 포기에 1만 2,000원이 넘고 무 한 개에 5천 원이 넘는다면 서민들의 빠듯한 가계로는 사기 어렵다. 정부가 평소에 지속적인 관심을 가지고 서민들의 밥상물가에 특별히 신경을 썼다면 이렇게까지야 되었겠는가? 미리 생산량과 수요량을 예측해서 균형을 맞추도록 사전 대비를 해야 함에도 불구하고 정부 당국자는 수수방관했다. 이명박 정부의 친서민정책은 한마디로 공허했다.

'친서민'은 물가 안정부터

정부는 서민들의 밥상물가에 너무 무관심했고, 무대책으로 일관했다. 시장점검도 부실했고, 기후변화 예측도 소홀했고, 사후대책은 효과가 별로 없었다. 친서민정책은 선거 때 서민층 표를 모으기 위한 정치적 정략적 구호에 그쳤던 것이다. 이명박 정부는 5% 경제성장을 이뤘다고 업적인 양 떠들고 있지만 서민들에게 돌아온 혜택은 아무 것도 잡히는 것이 없다. 더욱이 이명박 대통령이 대선 때 내건 747 공약(7% 경제성장, 1인 당 국민소득 4만 달러, 세계 7위 경제국가)은 물 건너간 지 오래다.

정부가 시장기능에 의해서가 아니라 막대한 자금을 풀어 인위적으로 억지 조성한 경제성장률은 거품이요 그 혜택은 대기업과 부자들에게만 돌아갔다. 자유시장경제제도가 좋은 제도라고 하더라도 방임상태로 내버려두면 '부익부 빈익빈'이라는 부작용이 나타나 사회통합과 안정을 위협하기 때문에 국가가 자원을 배분 조정해야 하는 책무가 있다. 이것이 근대국가의 기능이요, 시장경제를 살리는 길이요, 복지국가를 실현하는 좋은 정부가 지향하는 목표다.

조선시대에도 나라에 재난이 닥쳐 백성이 고통을 당하면 임금은 반찬

가지 수를 줄이거나 아예 밥상을 물리는 감선減膳, 고기반찬을 줄이는 철선撤膳을 시행했다. 김치대란으로 배추 한 포기에 1만 원이 넘고, 전세대란으로 저소득층이 길거리로 내몰리면서 고통을 당할 때, 서민들의 고통에 동조하는 고위 관리와 사회 지도층은 얼마나 있었을까?

요즘은 다행히도 배추 값은 안정되긴 했지만 생산량에 따라 언제 또 배추 값이 어떻게 요동칠지 모른다. 문제는 물가정책 담당자의 탁상행정이다. 정부는 물가를 잡는다고 '오픈 프라이스open price'를 실시했다. 오픈 프라이스는 제조업체가 '권장소비자가격' 등을 생산 제품에 표시하지 못하게 하고, 유통업체가 판매가격을 결정해 매장에서 가격을 표시하는 제도다. 이는 가격경쟁을 촉진시켜 제품가격을 안정시키기 위한 것이다. 2010년 7월 1일부터 아이스크림, 빙과류, 과자, 라면 등 가공식품 4종에 확대 시행하였다.

그럼 오픈 프라이스는 성공했을까. 값이 내리기는커녕 그 기간에 오히려 올랐다. 시행 1년 만에 과자, 아이스크림 등 서민생활에 밀접한 먹을거리 가격이 대부분 크게 올랐다. 유통업체들 간의 가격경쟁으로 주요 먹을거리를 더 싼 값에 살 수 있다는 당초 취지와 달리 소비자들의 부담은 늘어난 것이다. 한국소비자보호원이 운영하는 생필품가격정보 사이트 '티프라이스'에 따르면 2010년 7월 농심 새우깡 1봉지(90그램)는 대형마트에서 567원, 편의점에서 800원에 팔렸다. 그러나 2011년 6월 현재 새우깡 평균 가격은 대형마트는 658원, 편의점은 900원으로 올랐다. 새우깡뿐만 아니라 아이스크림, 껌 값도 올랐다. 일부 라면은 특품이란 명칭으로 값을 두 배나 올렸다.

오픈 프라이스 제도 실시 이후 판매점의 가격경쟁으로 소비자가 이득을 본 것은 아무것도 없다. 발로 뛰지 않는 탁상행정의 표본이다. 오픈 프라이스 실시 이후 가격 상승에 대해 유통업체와 제조업체는 서로에게 책임을 전가하고 있다. 유통업체는 어떻게든 가격을 낮추고 싶은데 제조업체 때문에 하지 못한다고 하고, 제조업체는 유통업체가 마진을 챙기면서 남의 탓 한다고 역공이다. 제조업체와 유통업체 간의 줄다리기에 소비자만 손해를 보고 있다.

천정을 뚫고 치솟는 생필품과 전세 값이 저소득층 서민들의 목을 조이고 있다. 수입은 그대로인데 식료품 등 밥상물가와 전세금 급등으로 저소득층은 토막으로 생선을 사고 월세 피난민으로 전락하고 있다. 특히 저소득층은 고소득층에 비해 식료품 구입비와 주거비 비중이 커서 지금처럼 밥상에 꼭 올라야 할 농산물과 월세가 급등하면 호주머니는 더욱 가벼워지고 살림살이는 팍팍해진다.

빈익빈 부익부 심화되는 양극화

통계청 발표에 의하면 소득 상위 20%는 식료품 지출이 소득의 6.1%에 불과하지만 하위 20%는 24.4%에 달한다. 이렇게 저소득층은 앵겔지수가 고소득층보다 4배나 높다. 여기에 설상가상으로 물가까지 폭등해 서민들의 지출은 갈수록 높아지고 있다.

생산자물가 상승률은 1년 전에 비해 6.2% 급등했다. 2년 2개월 만에 최고다. 채소류, 육류, 생선 등 농수산품이 가장 많이 올랐다. 과일 74.8%,

채소 47.2%, 수산식품 19%, 축산물 15.2% 올랐다. 국제유가와 원자재 가격이 급등하면서 공산품 가격도 6.8% 상승했다.

전세금도 대폭 올랐다. 1억 5000만 원에 살던 세입자가 올 초 임대기간이 끝나자 집주인은 5000만원을 올렸다. 전세금 오른 것도 저소득층에겐 고통이지만 그보다 더 큰 문제는 임대주택 시장이 전세에서 월세로 바뀌어 저소득층의 내 집 마련 꿈이 점점 멀어져가고 있다. 예금 금리가 물가상승률을 밑돌자 집주인들이 전세보다 월세를 선호하고 있다. 저소득층은 내 집 마련은커녕 전셋집도 어렵고 월세에 허덕이는 처지가 되었다.

생활물가와 전월세 값이 하늘 높은 줄 모르고 치솟으면 저소득층의 고통만 커진다. 서민들이 물가고와 전세대란으로 팍팍한 삶을 이어가고 있는데도 정부는 대기업 위주의 수출드라이브 정책을 고집해 적절한 금리와 환율정책을 펴지 못하고 있다. 금리를 올리면 시중 통화량이 줄어 물가상승을 억제하는 효과가 있는데도 기업의 이자부담과 수출업자 이익만을 위해 금리인상을 억제하고 원화 가치만 상승시키고 있다.

정부의 물가정책 실패는 통화정책에서도 찾을 수 있다. 은행의 정기예금 이자가 물가상승률에 뒤지고 있다. 물가상승률에 비하면 은행이자는 없는 것과 같다. 마이너스 금리다. 마이너스 예금 금리로 제일 고통 받는 계층이 노인들이다. 한국은행은 물가상승과 인플레이션 증후는 아예 눈감고 저금리 정책을 고수하고 있다. 최근 기준금리는 3%대로 뒷걸음치고 있다. 이 바람에 얼마 안 되는 돈이지만 은행이자로만 생활하는 퇴직 노인들의 생존이 위협받고 있다. 공무원이나 교직자들은 퇴직해도 연금으로 편안한 노후생활을 보내고 있지만 일반 직장 퇴직자들은 얼마 안 되는 퇴직금으로 연명하고 있는데 정부의 인위적인 저금리 정책으로 고통을 받고 있다. 기업만 살리는 금융정책이 아닐 수 없다.

　OECD국가 중에서 물가상승률이 우리나라가 톱을 달리고 있다. 서민들의 밥상에 꼭 필요한 기초서민생필품 52개 중에서 43개의 물가가 올랐다. 물가는 하루가 다르게 천정부지로 올라가는데 예금 금리는 뒷걸음 치고 있어 노인들의 목을 조이고 있다. 요즘 대부분의 은퇴 노인들은 자식과 따로 살고 있으며 자식들로부터 경제적인 도움을 전혀 받지 못하고 있는 실정이다. 산업화 시대의 역군으로서 젊어서 죽어라고 일해 자식 교육 시키고 집 장만하고 나면 수중에 남는 돈은 1~2억원이 고작이다. 국민연금이라야 한 달에 기십만원 정도다. 나이 들면 아픈 데도 많아 병원비도 쏠쏠히 들어가고 인생이 외롭고 허무하게 느껴지는데 금리마저 뒷걸음쳐 생활고까지 시달리고 있다. 독거노인들의 생활은 비참하다. 2011년 6월 현재 65세 이상 노인 인구가 542만 명이다. 542만 명의 노인 중에서 그나마 1~2억 원이라도 수중에 쥐고 있는 노인은 얼마나 되겠는가. 1억 원이 전 재산인 어느 노인은 은행예금 금리가 너무 낮아서 예금을 해약하고 증권사로 옮겨갔는데 돈을 거의 날리고 자살했다고 한다. 우리나라의 10만 명당 80세 이상 노인자살률은 127.7명으로 세계 최고인데 말하기도 부끄럽다.

소득중심 경제구조 만들 때

　기업이 수출을 늘리고 투자를 많이 하면 빈부격차가 해결될 줄 알았다. 그러나 일자리는 감소하고 빈부격차는 더욱 커졌다. 우리나라는 한동안 수출이 일자리를 늘리고 빈곤층을 중산층으로 끌어올렸다. 당시엔 수출과 성장의 혜택이 국민 골고루 돌아갔지만 자유주의경제의 세계화 바람이 불면서 수출을 자본집약적인 기술산업에 의존할 수밖에 없게 되었다. 이로 인하여 수출이 늘고 성장률이 올라가도 일자리는 늘지 않고 소수 사람만 혜택 받고 빈부격차만 확대되는 양상이 빚어졌다.

수출위주의 경제성장 정책은 계층 간의 불균형만 키웠다. 원화가치를 낮추는 환율정책은 수출하는 생산업체에게는 이익이지만 소비자는 비싼 가격을 지불한다. 또 같은 생산업자라도 대기업은 경쟁력이 커졌지만 내수 중소기업은 영세화 되었다. 복지에 대한 욕구, 중소기업 경쟁력, 지방의 낙후문제 등은 모두 일자리와 생산성문제에서 비롯된다.

부자와 빈자, 대기업과 중소기업, 수도권과 지방의 격차를 줄여 균형을 유지하고 사회통합을 이루려면 물가안정과 환율정책을 강화하여 중소기업과 지방기업의 생산성을 높일 수 있도록 산학연계를 튼튼히 구축해야 한다. 지금과 같은 수출집중 지역 경제체제는 발전한 지역과 낙후된 지역으로 양분화시킬 뿐이다. 수출과 내수, 대기업과 중소기업, 수도권과 지방이 균형성장하도록 여건을 만들어야 한다. 그래야만 저소득층에게도 성장의 혜택이 돌아간다.

해결책은 수출중심 경제구조를 소득중심 경제구조로 바꾸는 길밖에 없다.

2011년 7월

생활경제를 살려라

지난 2011년 4·27재보선의 민심은 이념보다는 '삶의 질'을 택했다. 거창한 정책공약보다는 서민경제를 살리라는 주민여론의 요구일 것이다. 금년 들어 한국 경제는 언론매체를 통해 세계 속의 한국을 각인시킬 좋은 거시지표가 줄줄이 발표되었다. 스위스 국제경영개발연구원IMD의 국가경쟁력 평가에서 지난해보다 한 단계 올라간 22위로 역대 최고 성적을 기록했고, 세계은행 보고서는 한국 등 6개국이 세계 경제성장을 주도하여 향후 10여 년간 연평균 4.7% 성장에 달할 것으로 예상했다.

또한 국제통화기금IMF 발표에 따르면 우리나라는 2010년도 1인당 국민소득per capita income은 2만 566달러를 기록, 3년 만에 다시 국민소득 2만 달러 시대를 열었다. 그리고 5년 뒤인 2016년에는 한국의 1인당 GDP가 3만 1,826달러를 기록함으로써 선진국 문턱인 3만 달러를 넘어설 것으로 예상했다. 기분 좋은 소식이다. 그러나 이러한 장밋빛 거시지표 전망에도 불구하고 체감경기와는 괴리가 커서 일반 국민들이 느끼는 체감 온도는 여전히 차갑다.

서민에게 차갑기만 한 경기 체감온도

경제는 성장해도 오히려 중산층은 줄어들고, 소득상위층과 하위층 간의 차이는 날로 커진다. 우리 사회의 가장 큰 사회적 논점은 부의 양극화 문제이다. 국세청 자료(11년 4월 25일)에 따르면 20%의 소수가 80%의 부를 누리는 이른바 '20 대 80 사회' 파레토법칙이 현실로 다가오고 있음을 알 수 있다. 종합소득세 신고자 중 상위 20% 소득자의 1인당 소득금액은 1999년 5,800만 원에서 2009년 9,000만 원으로 10년 새 55%나 늘어 대부분 억대 수입을 바라보고 있다.

그러나 하위 20% 소득자의 1인당 소득금액은 같은 기간 306만 원에서 199만 원으로 54%나 급감했다. 'IMF 위기' 이후 10년 동안 소득의 양극화는 더욱 극명해졌다. 그런가하면 가계 부채 문제도 날로 심각해지고 있다. 우리나라 가계자산 중 부동산이 차지하는 비중은 75%정도인데 현재 주택담보대출 규모는 290조 원 수준이고 3월 말 현재 가계부채가 801조 3,900억 원에 달하고 있다. 한국은행이 발표한 2010년 가계금융조사 결과에 따르면 6개월 동안 부채에 대한 이자 지급을 연체한 적이 있는 가구는 13%였다. 즉 10가구 중 1가구는 대출이자를 연체한 적이 있다는 것이다. 이처럼 가계부채가 심각하다. 지난해부터 큰 폭으로 늘어나고 있는 '가계부채'가 급증한 원인은 최근 전세가격 상승과 이에 따른 주택담보대출 및 신용대출 규모가 크게 증가했기 때문이다. 특히 신용이 낮은 저소득, 저신용 계층이 주로 이용하는 저축은행과 신용협동조합 등 서민금융회사의 가계대출 규모가 크게 늘어나면서 '가계 대출' 부실대란 징후가 나타나고 있는 것이다.

최근 한국은행이 발표한 '2011년 1분기 중 가계신용'자료를 보면 올 1분기 가계 부채는 위에서 밝힌대로 801조 4,000억 원에 달해서 그 심각성을 짐작할 수 있다. 신용평가사 무디스도 가처분소득 대비 가계부채 비율이 2009년 말 151.7%에서 작년 155.4%로 늘었다며 세계에서 가장 높은 수준이라고 지적한 바 있다.

또한 지난해 비은행금융권의 가계 대출 규모가 16.7% 늘어나 은행 가계 대출 증가율(5.4%)을 크게 앞질렀고 비은행금융권의 신용대출규모도 14조 8천억 원에 달해 은행 6조 원에 비해 크게 앞서 있다. 비은행금융회사의 하나인 저축은행의 신용대출은 지난 2008년 말 5조 1천억 원, 2009년 말 5조 8천억 원, 2010년 말 7조 1천억 원으로 3년 동안 39%나 증가했다. 거치기간 중에 원금 상환 없이 이자만 납입하는 대출의 비율은 78.4%에 달했고 원금분할상환 대출 중 거치기간을 연장하거나 기존대출 중도상환 후 재취급하는 방식으로 대출하는 경우도 36%에 달했다.

영국의 파이낸셜타임스FT는 "한국의 높은 가계 부채를 억제하기 위해서는 과감한 금리 인상이 필요하다."고 분석(11년 4월 12일)하였다. 이 신문은 "다른 아시아 국가들과 달리 한국은 높은 저축률이 문제가 된 적이 없었다. 사실 한국은 정반대 성향을 갖고 있다."고 분석하고 아시아에서 다섯 번째로 큰 경제 규모를 가진 한국이 오랫동안 '영미식 차입 선호 현상'을 보여 왔다고 설명했다. 그리고 1990년대 후반의 재벌 기업, 2000년대 중반에는 중소기업을 중심으로 과도한 대출이 발생했고 "최근에는 가계 대출이 급증하면서 정책입안자들을 괴롭히고 있다."고 지적했다.

어두운 터널, 정책 마련 시급하다

우리나라 가계자산 중에서 부동산이 75% 나 차지한다. 일반 서민층 가계 대출 증가의 가장 큰 문제는 향후 경기침체가 지속되어서 실업사태 및 소득감소 등으로 대출금 연체율이 증가하거나 집값이 급락해 담보가치가 떨어질 경우, 결국 금융기관의 건전성 악화로 이어질 수 있다는 점이다. 따라서 지금과 같은 부동산 경기침체가 계속된다면 결국 유동성 위기에 빠질 수 있는 '시한폭탄'을 안고 가는 형국인 것이다.

그런가 하면 현재 인플레이션 현상으로 소비자 물가가 4%대로 치솟은데다 아파트 미분양 물량증가 및 전세의 월세전환 등의 원인으로 전세가격 불안까지 이어지고 있다. 이런 상황에서 향후 가계 부채 문제는 우리 경제에 커다란 부담이 될 것으로 보인다. 지난 4월 기준 주택담보대출 규모는 300조 원에 육박하고 있다. 이자연체도 심각한 문제다.

가계 부채의 가장 큰 요인으로는 물가상승(32.2%), 소득감소(20.9%), 경기침체(15.3%) 순이었다. 통화당국이 물가를 잡기 위해 금리인상에 나서면서 서민들의 허리가 휘고 있다. 이에 대해 윤증현 전 기획재정부 장관은 언론을 통해(11년 5월 5일) '금리가 크게 오르거나 소득이 줄면 서민층의 부채상환 능력이 약해지고 금융기관이 부실해질 우려가 있어 고정금리와 분할상환 대출의 비중을 높이는 것을 포함한 가계부채 종합대책을 마련 중'이라고 밝혔다.

한국은행이 지난 4월에 금리를 동결한 데 이어 6월 10일에는 기준금리를 0.25%포인트 인상하면서 각 은행들이 잇따라 대출금리 인상에 나섰다.

그동안 금리는 지난해 7월 이후 모두 다섯 차례에 걸쳐 모두 1.25%포인트가 인상되었다. 기준금리 인상은 곧바로 대출금리 인상으로 이어지면서 기존 대출자들의 부담이 더욱 높아지고 있다. 지금 주택시장 상황을 보면 집을 팔려는 사람은 집이 안 팔려 아우성이고, 집을 사려는 사람은 앞으로 집값이 더 떨어지지 않을까 하는 기대감에서 매수를 주저하고 있다.

이와 같이 부동산 불황이 장기화되면 하우스푸어house poor의 연쇄적 파산으로 자칫 중산층이 무너질 수 있다는 우려감이 있다. 정부의 주택거래 활성화 대책이 필요하다.

금리 부담이 커지면서 서민들이 담보로 맡겨 놓은 주택을 처분해 빚을 청산하려 해도 이미 부동산 시장이 꽁꽁 얼어붙은 상태여서 주택 처분도 쉽지 않은 상황이다. 지금과 같이 매매가 계속 얼어붙으면 앞으로 사회 문제로 비화될 것이라는 전망이다. 주택정책은 시장 상황에 맞는 탄력적인 정책이 필요하다.

집값 하락이 금융부실과 경제위기를 초래하기 때문이다. 정부는 가계 부채 관련 대책을 더욱 실효성 있고 심도 있게 추진하여서 가계 부채라는 '시한폭탄의 뇌관'을 제거하여 금융위기를 사전에 방지해야 할 것이다. 한편 정부의 정책적 지원 못지않게 가계 스스로도 팔을 걷어붙이는 자구노력을 해야 한다. 대출 받아서 무리하게 집 늘리는 투자방식은 더 이상 통하지 않는다. 재테크도 항상 가계자산 범위 내에서 안전성을 고려하여 안정적으로 접근해야 할 것이다. 가계 빚이 빠른 속도로 늘어나면서 경제성장의 근간이 되는 소비마저 발목을 잡아 경제성장을 방해할 수 있다.

또한 치솟는 장바구니 물가 때문에 지금 서민생활은 고달프다. 쌀·과일·수산물 등 농수산물의 가격이 전년대비 예상 외의 상승세를 보이는 등 밥상물가가 연일 치솟고 있다. 소득 하위 20%의 체감 물가가 상위 20%보다 0.9%P나 높다. 저소득층의 체감 물가상승률이 고소득층보다 높게 나타나고 있다. 경실련에서 지난 2008~2010년 소비자물가 추이 분석 결과를 보면 이 기간 동안 쌀과 돼지고기, LPG, 짜장면 등 서민들이 자주 구입하는 52개 주요 품목인 소위 MB물가는 20.42%나 오른 것으로 나타났다.

같은 기간 전체 소비자물가지수 상승률 11.75%와 비교해도 두 배 가까이 가파른 상승세를 보이고 있다. 치솟는 물가는 결과적으로 가계의 실질소득을 감소시키는 좋지 못한 효과를 가져 온다.

2011년 8월

실업자 300만 시대, 대책은 무엇인가

글로벌 경제위기 속에서 나라마다 최대의 고민은 실업 문제이다. 부자 나라 미국도 실업률 9%대를 기록하고 있다. 우리나라도 예외가 아니다. 통계청 자료에 따르면 지난 2009년 11월 공식 실업자는 81만 9000명으로 공식 실업률은 3.3%이다. 여기에다 1주일에 18시간 미만 일하는 취업자 92만 명, 학원 등에 통학하면서 취업을 준비하는 사람이 23만 8000명, 통학하지 않으면서 취업을 준비하는 사람이 32만 3000명, 59세 이하 '쉬고 있음'에 해당하는 비경제활동인구 100만 명을 합치면 사실상 실업자에 속하는 사람은 330만 명에 달해서 우리나라의 실질 실업률은 12%가 넘는 것으로 추산되고 있다.

이런 절박한 상황 하에서 노동부는 '제25차 고용정책심의회(10년 1월 6일)'를 개최하고 범정부적 국가고용전략을 수립키로 했다. 정부 주요 정책을 수립하고 집행할 때 일자리 중심으로 국정운영 기조를 전환하도록 조치하고 있다. 그러니까 취업유발계수가 높은 분야(서비스산업 등)의 전략적 활성화, 여성·청년의 노동시장 참여 촉진, 인적자원개발 시스템 혁신, 고용 친화적 사회안전망의 확충과 청년, 근로빈곤층, 여성, 베이비붐 세대 등 4대 취업애로계층의 취업지원을 강화하는 등의 내용을 적극 추진하고 있다.

금융위기 이후 경제 회복세가 나타나고 있지만 막상 고용 창출 폭은 커지지 않아 '고용 없는 경기 회복'에 대한 우려가 커지고 있다.

높은 실업률 속에서도 청년실업이 가장 큰 문제이다. 청년실업은 한국만의 문제가 아니고 전 세계적인 문제이다. 경기회복기를 거치면서 국가마다 청년백수가 급증하고 있다. 미국의 경우 청년실업률이 2009년 10월 말 기준 19.41%를 기록했다. 유로존의 경우 25세 미만 청년실업률은 2009년 12월 말 기준 21.4%를 기록했다. 우리나라도 MB정부 출범 후 20대 청년실업자가 늘어나는 추세다. 2008년 104만여 명, 2009년 106만여 명, 2010년 108만여 명으로 해마다 2만 명씩 증가하고 있다.

고용 없는 성장의 근본적 원인은 컴퓨터 시대의 등장이다. 일찍이 영국의 토머스 모어는 그의 저서 《유토피아》에서 양모羊毛 생산을 위한 '인클로저 운동(중세 유럽, 토지에 경계 울타리를 쳐서 사유화하는 것)'에 빗대어 "양들이 사람을 먹어 치우고 있다."고 표현하였는데, 오늘날에는 컴퓨터가 사람을 먹어 치우고 있는 것이다.

통계청이 발표한 올 '4월 고용동향'에 따르면 고용률은 59.3%로 전년 동월대비 0.2%포인트 상승하였으며 지난해 10월(59.4%) 이후 최고치를 기록했다. 그런가하면 전체 실업률도 3.7%로 지난해 같은 달 대비 0.1%포인트 하락했다. 그러나 청년층(15~29세)과 관련한 고용지표는 여전히 좋지 않

한남동 시립사회종합복지관에서 실버 고용창출을 위한 강의를 하는 필자

다. 청년층 취업자 수는 383만 2000명으로 전년 동월(390만 5000명)보다 7만 3000명이 줄었다.

통계청은 청년층 2월 졸업시즌이 지난 후 대거 구직활동에 나섰으나 제때 직업을 찾지 못했기 때문으로 분석했다. 그 이유는 일자리 자체가 줄어들고 있는데 청년대졸자 수는 계속 증가하고 있기 때문이다. 이는 한정된 일자리, 나눠 먹기식으로는 실업이 해소되지 않는다는 방증이다.

근본적인 일자리마련 대책과 실천이 우선

근본적으로 일자리를 만들어 나가야 하는데 그러려면 첫째, 벤처기업 창업을 활성화시켜야 한다. 이 대통령은 "정부가 적극적으로 길을 만들고 필요한 지원을 쏟아 부어 젊은이들이 용기 있게 창업에 나설 수 있도록 도와줘야 한다.”고 말했다. 기업가정신을 뒷받침해 줄 정책적 지원도 해주고 벤처기업들이 지속적으로 성장할 수 있는 환경 조성에 더 많은 관심을 가져야 한다.

둘째, 대기업과 중소기업 사이의 허리 역할을 하는 중견기업이 너무나 적다. 제조업은 모든 산업의 허리이다. 중견 제조 기업을 키우기 위한 정책적 지원이 절실히 필요하다. 적어도 매출 몇 천억 원 정도 하는 중견기업들이 많아져야 일자리도 만들어지는 것이다. 중견기업을 많이 키우기 위한 방도로 기업가 정신과 함께 정책적 지원이 필요하다.

셋째, 관광 및 서비스 산업의 육성이다. 미국의 월스트리트저널WSJ은 ‘아시아, 관광업 활성화가 경기회복에 기여’라는 기사에서 “아시아 내에서 관광이 다시 활성화되면서 역내 경기회복에 큰 도움이 되고 있다. 실업률이 높고 지출에 신중한 미국이나 유럽과는 달리, 아시아의 실업률은 하락하고 있다.”며 ‘관광업은 국가의 성장을 부양하기에 매우 좋은 산업’이라고 했다. 그러므로 고용창출 효과가 높은 서비스 산업을 적극 육성하여 특히 관광, 서비스 업종의 일자리를 늘리면 좋을 것이다.

넷째, 기업의 투자를 활성화시켜야 한다. 그동안 정부는 실업대책으로 기업에서의 임금피크제, 청년인턴제, 행정인턴제, 중소기업 채용 1인당 300만 원 법인세 깎아주기, 사회적기업의 일자리 창출 등 다양한 방안을 동원했다. 그럼에도 불구하고 실업문제는 해결되지 않고 오히려 악화되고 있다. 그 이유는 여러 가지가 있겠지만 무엇보다도 투자위축에 따른 경제성장 둔화로 ‘절대일자리’가 생성되지 않고 있기 때문인 것으로 보인다.

기업하기 좋은 환경을 조성하고 외국기업 유치와 국내기업 투자를 촉진시켜야 한다. 근본적으로 기업투자가 활성화되지 않고서는 고용이 늘어나지 않는다. MB정부는 747대선공약 정신을 되살려 이제부터라도 경제성장 정책을 펴나가 실업자 300만 시대라는 높은 파고를 넘어서야 한다.

또한 중소기업과 대기업 간 양극화 해소를 위한 기업의 동반성장 상생경영이 절실히 요구된다. 대기업과 중소기업의 관계라면 우선 대기업의 불공정거래를 거론하지 않을 수 없다. 한국경제에서 중소기업이 차지하는 비중은 매우 높다. 2008년 기준 중소기업체 수는 304만여 개로 비중은 99.9%여서 4,000여 대기업과 비교가 되지 않는다. 종사자 수도 1,300만여 명으로 87.7%여서 160만 명인 대기업의 8배에 달한다. 그런데도 전체고용의 88%를 담당하는 중·소 상공인들의 상황은 개선되지 않고 오히려 악화되고 있다. 그동안 삼성그룹, 현대차그룹 등을 선두로 하여 대기업들이 서둘러 동반성장 협약체결을 했다.

그렇더라도 그 내용대로 실천이 되지 않는다면 무슨 소용이 있겠는가? 문제는 대기업이 협력업체를 대하는 의식 전환 없이는 과거 정권 때처럼 동반성장이 한낱 구호에만 그칠 가능성이 있는 것이다. 정부의 성장정책 그늘에 가려져 있는 양극화 문제를 비롯하여 가계 빚, 물가, 실업문제, 전세난, 동반성장 등 어느 것 하나 쉽게 해결될 수 없는 난제들이다. MB정부는 남은 임기동안 이 문제들을 국정의 최우선 과제로 삼아 생활경제 살리기에 총력을 기울여야 할 것이다.

2011년 8월

비리백화점 부산저축은행 사태

동물의 세계에서 악어와 악어새는 자연환경에서 살아가기 위해 공생하고 있다. 그러나 이번 7조 원대의 비리를 저지르고 영업정지(11년 4월 7일)된 부산저축은행 사태는 감독기관과 피감독기관 간의 짜고 치는 정말이지 추악한 공생관계였다. 저축은행을 감독해야 할 금감원 검사반장은 "감사를 할 것 같으니 (적발되지 않도록) 잘 감춰야 한다."고 알리며 '감사 중점 사항'까지도 귀띔했다. 저축은행은 그 대가로 뇌물로 돈과 자동차 그랜저까지 바쳤으니 이쯤 되면 가히 비리백화점의 전형이라 하겠다.

원래 상호저축은행법에는 "상호저축은행의 건전한 운영을 유도하여 서민과 중소기업의 금융편의를 도모하고 거래자를 보호하며 신용질서를 유지함으로써 국민경제의 발전에 이바지함을 목적으로 한다."라고 규정되어 있다. 그러나 이런 목적은 간데없다. 수사를 할수록 '비리커넥션'이 고구마 줄기처럼 속속 드러나고 있다.

방만한 경영도 도마 위에 올랐다. 지난해 1,085억 원의 영업적자에도 불구하고 접대비로 1억 6000만 원을 사용했고, 납골당 사업 명목으로 가짜 종교단체를 내세워 지출한 거액 830억은 증발했다. 그러니 금융감독원이 아니라 '금융강도원'이라는 말까지 나오고 있는 것이다. 더욱이 예금자들을 분노케 하는 것은 영업정지 조치가 내려지기 전날 밤에 대주주, 가족 등 소위 힘 있는 자들은 예금을 무차별 인출해 갔다는 사실이다.

이번에도 힘없는 서민만 고스란히 당했다. 가히 도덕적 해이의 극치가 여지없이 드러난 것이다. 도대체 "공정사회란 무엇이고, 정의란 무엇인가?"를 반문하게 된다. 이미 올 들어 부실 저축은행 8곳이 영업정지를 당해서 한국 금융서비스 산업의 2.8%를 차지하는 저축은행 업계가 국내 경제를 위협하는 주요 요인으로 부상했다. 그 동안 건설업계에 대한 저축은행들의 대규모 PF(프로젝트 파이낸싱)대출이 건설경기 침체로 부실화되었으며, 이에 따라 건설사들의 자금도 경색되어서 부도위기로 내몰리고 있다.

김석동 금융위원장은 저축은행 문제에 대한 국회 청문회에서 로이터 통신이 '저축은행은 한국 경제의 시한폭탄인가?'라는 기사(11년 4월 26일)에서 지난해 말 현재 "저축은행들이 보유한 부동산 프로젝트파이낸싱 대출 규모는 12조 2천억 원으로, 이 가운데 약 25%는 연체된 상태이다. 2009년 말에는 연체율이 10.6%였다."라면서 "한국자산관리공사KAMCO가 저축은행의 PF 부실채권 가운데 절반가량을 매입할 수도 있다."고 밝혔다.

"캠코가 지난 2008년부터 2010년 사이 저축은행들로부터 사들인 PF 대출채권은 6조 2천억원 규모다. 일부는 올해 후반기에 만기가 도래하기 시작할 것인데, 오는 12월 3,300억 원을 시작으로 내년 3월에는 1조 1천억 원이 만기 도래할 예정이다. 이와 별개로, 솔로몬저축은행을 필두로 저축은행들이 발행했던 후순위 채권 2,010억 원이 올해 만기가 도래한다."고 우려를 나타냈다. 그러나 금융당국과 애널리스트들은 저축은행들이 갑작스러운 현금 경색을 겪을 가능성은 희박하다고 밝혔다.

저축은행 고객 가운데 90%는 예금액이 원금보장 한도인 5천만 원 이하이다. 하지만 예금액 가운데 90%는 만기가 1년 이하이므로, 저축은행 부실 우려가 다시 불거질 경우 자금이 이탈할 수 있다고 로이터 통신은 경고했다. 그리고 "2012년 대선 및 총선을 앞두고 KB금융을 비롯한 시중은행들은, 저축은행으로부터 부실 PF대출채권을 사들이거나 저축은행을 인수하기 위한 배드뱅크를 설립하는 데 자금을 지원하라는 요구를 받을 수도 있다."고 예상했다.

또한 "한나라당은 대출이자를 제한하는 내용의 법안을 발의했는데, 이 법안이 통과되면 저축은행들은 이자율이 낮아진 불법 대부업체에 고객들을 뺏기면서 더 어려워지게 될 수 있다."고 로이터는 결론했다. 그동안 저축은행들은 2006년부터 건설붐을 타고 부동산 관련 대출을 늘려 왔다. PF대출은 저축은행 전체 대출규모의 절반을 차지한다. 금융당국은 저축은행들의 PF대출 부담을 완화하기 위해 오는 7월부터 저축은행에 적용하기로 한 국제회계기준IFRS 도입을 연기할 수도 있으며, 또한 저축은행 영업에 대한 감시를 강화하고 공시 빈도를 6개월마다 한 번에서 분기마다 한 번으로 늘릴 예정이다.

그러나 이번 부산저축은행 사태를 계기로 앞으로 상당기간 동안 PF 방식을 통한 개발 사업은 상당히 위축될 것으로 보인다. 우리 속담에 "소 잃고 외양간 고친다."는 말이 있다. 그러나 늦었지만 이제라도 외양간을 제대로 고쳐야 한다. 원래 저축은행은 은행 문턱을 못 넘는 서민들이 주고객이다. 그렇기 때문에 저축은행이 부실화 되면 서민들은 할 수없이 고금리 대부업체의 문을 두드릴 수밖에 없다.

그렇게 되면 일반 서민들의 피해가 다시 늘어날 것은 자명한 일이다. 이번 저축은행 사태에 대해 정부는 그 동안 잘못된 모든 감독기능과 금융 운영 시스템을 전반적으로 쇄신하고, 이번 사태와 같은 일이 두 번 다시 일어나지 않도록 특단의 재발 방지 대책을 철저히 세워야 할 것이다.

2011년 7월

대기업의 동반성장 협약, 진정성이 문제다

대기업과 중소기업 동반성장 협약! 그러나 대기업의 자발적 의사라기보다는 정부 권유에 등 떠밀려 하는 듯한 동반성장 협약이 실제로 어느 정도 효과가 있을지는 미지수다. 삼성그룹의 삼성전자 등 9개 계열사가 13일 협력업체(1,2차) 5,200여 개사와 동반성장 협약을 체결했다. 그리고 협력업체에게 6,100억 원의 자금을 지원하고 2차 협력업체까지 고루 혜택을 볼 수 있게 1차와 2차 협력업체도 서로 협약을 맺도록 유도하겠다고 했다.

현대차그룹도 지난달 29일 6개 계열사가 1,585개 1차 협력사와 동반성장 협약을 체결하고 협력사에게 향후 1년간 4,200억 원을 지원하고 주요 원자재를 대량 구매해 협력사에 공급하기로 했으며 뒤이어 대부분의 대기업들도 협력사들과 협약을 체결했다. 그리고 동반성장위원회 주도로 중소기업에만 어울리는 129개 업종 267개 품목에 대하여 대기업 진입금지 방안도 구체화되고 있다.

또한 6월 3일에는 MRO(기업의 소모성 자재)분야의 대기업들이 앞으로 신규 고객사 확장을 대기업 및 대기업 계열사와 1차 협력사에 한정하고 1차 협력사가 아닌 중소기업과의 거래는 기존 계약기간까지만 유지하며, 중소기업 영역에는 진출하지 않기로 합의했다. 하지만, 중소기업들은 이러한 대기업들의 동반성장 협약 방안에 대해 여전히 의구심을 두고 있다. 그 이유는 정부에 등 떠밀려 과거 정부 때 이미 내놨던 방안들을 이름만 바꿔 되풀이 하는 등 진정성을 찾아보기 어렵다는 것이다.

정운찬 동반성장위원회 위원장은 12일 "동반성장을 약속한 몇몇 대기업조차 중소기업 분야를 침범하는 사례가 있다."며 "동반성장은 궁극적으로 진정성의 문제."라고 강조했다. 그리고 "대기업은 서민의 여덟, 아홉 명이 일하는 중소기업이 성장할 수 있도록 적극 지원할 필요가 있다."고 했다. 그동안 정 위원장이 제시한 '초과이익공유제'가 많은 논란을 초래했고 정부 내에서조차 논쟁이 있었다.

오늘날 기업은 혼자 독불장군 식으로는 생존할 수 없다. 기업은 독선적인 경영이나 일방적인 이익추구가 허용되지 않을 뿐 아니라 사회에 대하여 일정한 행동을 취해야 하는 사회적 책임론이 대두된다. MB정부는 그동안 대기업·중소기업 간 상생협력을 강조하며 대기업들을 독려해 왔지만 동반성장에 별 효과가 나지 않았다. 국민소득 2만 달러 시대에 접어들면 서민복지욕구와 더불어 양극화 해소를 위한 기업 간 동반성장 상생경영이 절실히 요구된다.

우리 사회 전반의 양극화는 대기업과 중소기업 간의 심각한 격차가 원인이라는 것이 정부의 인식이다. 그동안 상위권 대기업들은 엄청난 이익

을 내서 임직원들에게 많은 성과급을 지급하기도 했다. 그것은 MB정부
들어 줄곧 '비즈니스 프렌들리'를 외치면서 출자총액제한제도 폐지, 중소
기업 고유 업종 폐지, 금산분리 완화, 법인세 인하 등을 내걸면서 기업경
영 환경이 크게 개선된 때문이다.

반면에, 전체고용의 88%를 담당하는 중소 상공인들의 상황은 개선되지
않고 오히려 악화되고 있다. 우리나라 10대 그룹의 GDP대비 자산비중을
보면 지난 3년 새 55%에서 76%로 증가하여 대기업 경제력 집중이 점점 심
화되고 있다. 전문가들은 재벌 위주로 경제력이 다시 집중되는 이유에 대
해 정부의 정책 실패를 거론하며 특히 대기업에 대한 규제 완화, 그리고
중소기업 육성 정책의 실패라고 지적했다.

또 경제력 집중이 커질수록 중소업체들의 신규 진입이 어려워지고, 양
극화 심화와 한국 경제의 기초체력 약화로 이어지게 된다는 것이다. 우여
곡절 끝에 이번에 시작된 동반성장 정책이야말로 대기업에 편중된 경제
력을 완화할 수 있는 최적의 수단이라고 본다. 그러나 아무리 협약 내용
이 명분이 있다고 하더라도 그 내용대로 실천이 되지 않는다면 무슨 소용
이 있겠는가?

대기업과 중소기업 동반성장 문제는 어제 오늘 일이 아니다. 지난 2006
년 참여정부 시절에도 정부가 직접 나서 '대기업과 중소기업 상생협력회
의'를 열었다. 그러자 대기업들은 정부의 압박을 의식해 앞다퉈 중소기업
지원방안들을 발표했다. 그렇게 나온 것이 2007년 '상생협력 및 공정거래
협약'이었다. 당시 127개 대기업이 5만 2,000개 협력사와 공정거래 협약을
체결했다.

하지만 협약 이후 2년 반이 지난 시점에서 공정거래위원회가 대기업들의 지원약속 이행부분을 점검해 본 결과, 상당부분 공수표에 그쳤던 것으로 나타났다고 한다. 이번에도 정부가 대기업을 압박하여 시작된 것 같아 보인다. 특히 삼성계열사가 세무조사 받는 기간에 동반성장 협약이 나왔다는 사실이 묘한 뉘앙스를 풍긴다.

그러나 시작은 마지못해 하더라도 이번에야말로 정말 대기업들이 동반성장의 필요성을 인식하고 진정성을 갖고 실천해 주기를 기대한다. 최중경 지식경제부 장관이 "납품단가를 깎아 이익을 많이 내는 기업의 중간간부는 해고해야 한다."고 주문한 것도 이와 같은 맥락이다. 대기업과 중소기업 동반성장이 성공하느냐의 여부는 전적으로 결국은 대기업 총수의 실천의지에 달렸다고 하겠다.

2011년 7월

지역갈등 촉발시킨 국책사업 유치전

말도 많던 국제과학비즈니스벨트가 논란 끝에 대전 대덕단지 내 신동·둔곡 지구로 결정됐다. 거점지구 대덕단지에는 과학벨트의 핵심요소인 기초과학연구원 본원과 대형실험시설인 중이온가속기가 들어서게 된다. 과학벨트 조성에 필요한 전체 예산 규모는 당초 3조 5천억 원보다 1조 7천억 원 이상 늘어난 5조 2천억 원으로 책정됐으며, 이 가운데 2조 3천억 원은 대전을 비롯한 거점·기능지구의 기초과학연구원·KAIST연합캠퍼스·중이온가속기 등에 지원된다.

정부는 과학벨트 사업이 세계 우수 과학기술자들을 우리나라에 모아 창조적 지식과 원천기술을 확보하기 위한 것으로, 3천여 개 이상의 이공계 일자리를 창출할 수 있다는 점을 강조하고 있다. 그런데 국제과학비즈니스벨트 후보지에서 탈락한 지방자치단체와 정부 간, 그리고 지역 간 갈등이 증폭되고 있다. 이처럼 대형 국책사업 유치전으로 촉발된 정치권의 지역 이기주의로 인하여 국책사업이 시작도 하기 전에 삐걱거리고 있다.

도대체 이 나라에는 정치논리로 다른 이들을 돌볼 겨를이 없다. 일반적으로 모든 산업은 최적입지원칙에 의해 입지하려는 경향이 있다. 더욱이 국책사업은 국가 백년대계이므로 정치색을 배제하고 경제성과 효율성을 따져서 최적입지 원칙에 의해 입지가 선정되어야 한다. MB정부 들어서 추진하는 국책사업마다 왜 갈등이 표출되는가?

현 정부가 지난 대선 시 대형 국책사업을 구체적인 타당성 조사나 사업성 검토 없이 지역 간 표를 의식, 공약을 남발한 것과도 무관치 않다. 또한 그동안 혼탁한 유치전 속에서 내년에 있을 총선과 대선의 표를 의식해 정치권 논리에 휘둘렸다. 세종시와 동남권 신공항 등에 대해 공약을 번복함으로써 정부의 국책사업 결정에 대한 신뢰가 무너져 내렸다.

입지 선정의 공정성을 촉구하며 단식하기도 했던 김관용 경북도지사는 "우수한 기초과학 인프라와 정주 환경을 갖추고도 불합리한 입지 평가방식과 정치논리 때문에 대전이 과학벨트 거점지구로 선정된 것을 절대 받아들일 수 없다."고 밝히는 등 타 지역에서도 한국토지주택공사LH 본사의 진주 이전, 신공항 백지화의 후유증이 '불복종 운동'으로 번지고 있어서 전국이 국책사업 갈등으로 몸살을 앓고 있다.

물론 사태를 부추긴 정치권의 책임도 있겠지만 정부의 책임이 크다. 철저한 검증없이 남발한 공약이 결국 부메랑이 돼 국민과의 신뢰를 떨어뜨린 것이다. 동남권 신공항 문제는 대통령이 직접 사과했지만 영남지역 민심을 달래기에는 역부족이다. 정부는 당초 충청권 조성 약속을 무시한 채 입지대상을 전국으로 확대해 지자체 간 과열 경쟁을 벌이도록 해 결국은 국론분열과 지역갈등을 부추긴 꼴이 됐다.

이제라도 정부는 사태의 심각성을 깊이 인식해야 할 것이다. 국가의 미래전략으로 추진된 국책사업이 국론을 분열시키고 지역갈등을 촉발시키는 최악의 사업이 돼서는 안된다. 결과적으로 정부가 무원칙, 돌려막기 식의 정치적 결정으로 인하여 국책사업 갈등을 촉발시킨 것이다. 매일경제신문 여론조사를 보면 경제발전 저해요인으로 1순위가 '정치권 쟁점'이라고 한다. 그만큼 정치권이 경제를 발목 잡고 있다는 뜻이다. 과학비지니스벨트의 예에서 정치적 논리보다는 과학자들에게도 모든 과정에 참여하도록 기회를 부여해야 하고 입지선정 과정과 심사의 공정성을 투명하게 공개해 정치적 의혹을 불식시키는 데 주력해야 한다.

그동안 정부가 보여 온 모습을 보면 아쉬운 점이 많다. 나름대로 노력은 했겠지만 국민의 눈에는 여전히 무원칙, 오락가락, 책임 떠넘기기 등의 행태로 비쳐지고 있다. 이번 과학벨트를 둘러싼 지역갈등이 사생결단의 양상으로까지 치닫게 된 과정도 마찬가지다. 따라서 어떤 정책보다도 국책사업은 정부의 확고한 원칙과 일관성, 절차적 투명성 그리고 공정성이 절실히 요구된다 하겠다.

2011년 7월

뉴타운 사업, 전면 재수술해야

단독주택을 갖고 있던 김모 씨는 2006년 '헌 집 주면 새 아파트를 받을 것'을 기대하고 00구역조합에 가입했다. 하지만 이주 · 철거 직전인 관리처분 단계에서 자신의 주택평가액은 2억 2,000만 원인 반면, 분양받을 84㎡ 아파트 값은 4억 5,300만 원으로 땅 96㎡를 소유한 김씨가 84㎡짜리 아파트에 입주하려면 2억 3,300만 원이 더 필요함을 알게 됐다. 그는 여지없이 '헌 집 빼앗기고 새 집도 빼앗긴다'는 말을 들어야 했다.

60대 이씨는 00구역 내 상가주택(지하, 1층 상가, 2층 주택)에서 100만 원의 월세와 3억 2,000만 원의 보증금을 받아 살고 있다. 그런데 관리처분 단계에서 희한한 통보를 받았다. 시세가 25억 원에 달하는 자신의 집을 주고 자기가 받는 것은 고작 10억 원 상당의 아파트 한 채뿐이었다. 그는 당장 생활고에 시달렸다. 매월 월세가 끊겼고, 건물 보증금을 은행 빚으로 돌려주다 보니 부부가 근근히 버는 월수입 190만 원으로 원금 상환은커녕, 관리비와 이자도 내기 벅찬 생활을 하고 있다.

한때 '황금알을 낳는 거위'라는 뉴타운 사업이 애물단지가 되고 있다. 2002년도 당시 이명박 서울시장 재직시 은평 등 3곳의 재개발구역지정으로 시작한 뉴타운 사업은 지난해 2010년 말 기준으로 전국 531개 뉴타운 구역 중 착공구역이 고작 13개(2.5%), 완료지역은 18개(3.4%)로 곳곳에서 파열음을 내고 있다.

지난 4월 15일 서울시에 따르면 뉴타운 촉진구역(균형촉진지구 포함) 241곳 중 70곳(29%)이 현재까지 조합추진위조차 구성하지 못하고 있다. 나머지 뉴타운 구역은 추진위 구성 50곳(21%), 조합설립인가 58곳(24%), 사업시행인가 21곳(9%), 관리처분계획인가 10곳(4%), 착공 13곳(5%), 준공 19곳(8%)으로 총 171곳(71%)이 사업을 진행 중이다.

이처럼 뉴타운 사업이 지지부진한 원인으로는 첫째, 뉴타운이 '주민복지'가 아닌 시세 차익을 감안한 '비지니스'였다는 점을 지적하고 싶다. 부동산 버블이 팽배했던 뉴타운 추진당시와 버블이 꺼진 작금의 상황에선 이른바 '뉴타운 비즈니스'의 장점이 사라진 것이다.

둘째, 주민동의가 동반되지 않는 구태행정의 표본이었다. 상식적으로 재개발 발표 전 이미 주민들에게 구체적 손익계산 등 납득할 만한 설명과 함께 주민합의가 전제되어야 했다. 이는 과거, 판잣집을 밀어내고 아파트를 짓던 일률적인 철거방식을 고수하는 정치권의 탁상행정과 닮았다. 결국 민주화 이후 '시대정신'을 제대로 읽지 못했다는 지적을 받고 있다.

부동산 전문가들은 "뉴타운 개발의 사업성이 떨어지는 것도 문제지만, 일차적으로 추가부담금 등 원주민들의 원초적 민원도 제대로 제시되지 못하고 있다."며 "원주민 재정착률이 20%도 되지 못하는 상황에서 무리한 사업진행은 결국 뉴타운 파행으로 갈 수밖에 없다."고 경고하고 있다.

귀한 생명을 앗아간 용산참사사건현장(2009년 1월 20일)

　최근 경기 뉴타운 사업을 주도한 김문수 경기지사도 "뉴타운 사업은 실패한 사업."이라며 2006년 지방선거에서 이 사업을 핵심 공약으로 내걸고 당선한 정치권 인사 중 처음으로 뉴타운 사업실패를 인정하여 주목되기도 했다.

　사실상 작금의 상황에서 기존 주거지를 철거하고 아파트를 짓는 방식은 바람직하지 않은 것으로 나타나고 있다. 그 대안으로 주거생존권을 보장하고 주민편의를 도모하기 위한 복지형 도시정비사업이 대두되고 있는 형편이다. 용적률 상향조정 또한 재고되어야 할 부분이다.

　추진방식에 있어서도 향후 모든 재개발은 주민들에게 명확한 손익계산 제시를 통한 합의가 동반되어야 한다. 때문에 현재 진행 중인 뉴타운 사업도 주민투표에 의해 취소여부를 결정할 수 있는 길을 터주어야 한다.

그래야 뉴타운 진행으로 인한 주민 간의 갈등도 봉합될 수 있을 것이다.

이 뉴타운 사업이 대국민 사기극이 아니라면 이래저래 뉴타운 사업의 수술은 불가피해 보인다.

2011년 6월

관광산업 육성으로 일자리 창출을

오늘날 관광산업하면 정보·통신산업과 더불어 각광받는 21세기 성장산업으로써 고용없는 성장시대의 '일자리창출' 대안으로 떠오르고 있다. 단순히 서비스 업종이라는 차원을 넘어서 이제는 국가경제 성장의 발전을 촉진하는 중핵적 전략산업으로 그 위상이 평가되고 있다. 선진 7개국의 경우 서비스 산업이 GDP에서 차지하는 비중이 60%~80%대에 달해서 국가를 먹여 살릴 핵심 산업으로서의 관광산업이 고부가가치 창출의 주역임을 보여준다.

그렇기 때문에 지금 전 세계 GDP 가운데 20%에 육박하는 관광산업 파워는 국가 경쟁력과 국격을 좌우할 새로운 태풍으로 떠오르고 있다. 유명한 미래학자 허만칸Hermann Kahn은 "2000년대에는 관광이 세계 제일의 산업이 될 것."이라고 예견했고 미국의 경제학자 허쉬맨Hirschman은 "경제성장 정책에 있어서 연쇄효과가 최대로 될 부문을 발전 거점으로 해서 거기에 희소稀少한 투자능력을 집중시킬 필요성과 유효성이 있다."고 힘주어 말했다.

　그만큼 관광산업은 후방연쇄효과(관광산업에 투입될 중간생산재를 생산하는 산업의 발전이 유도되는 효과)가 매우 높은 최종소비재 산업이기도 하다. MB 정부는 출범 첫해인 2008년도를 '관광산업 선진화 원년'으로 삼고 2012년 한국 방문 외국인 1,000만 명이라는 목표를 세웠다. 또 2010년부터 2012년까지 3년 간 국내외 관광 관련 기업들이 참여하는 한국방문 캠페인Korea Sparkling도 벌이기로 했으며 문화체육관광부는 '제3차 관광산업 경쟁력 강화회의'에서 신성장 동력인 관광산업을 획기적으로 육성해 국가 성장의 견인차 구실을 하게 하겠다는 의욕적인 비전을 제시했다. '한국 관광 3배 늘리기' 프로젝트(2008년)를 통해 93억 달러 수준인 관광수입을 2020년 300억 달러로 크게 늘리고, 이를 통해 2008년 127만 개였던 일자리 창출 규모를 2020년에는 250만 개로 대폭 확대하겠다는 계획이다. 이명박 대통령도 "선진국이든 중진국이든 옛날 같으면 성장이 되면 일자리가 생기지만 요즘은 좋은 일자리가 안 생긴다."며 "그런 점에서 서비스업에 관심을 두고 정부가 다양한 노력을 한다. 그 가운데 관광산업이 좋은 일자리를 많이 만들 수 있다고 생각한다."면서 관광산업의 중요성을 역설하였다.

　구체적 방안으로 정부는 외래 관광객의 주축을 이루는 중국인의 유치 확대를 위해 30일 간 무비자 입국 방안을 마련하고, 양국 상호 무비자 입국도 아울러 추진할 계획이다. 2008년도 중국인 해외여행객 4천 584만 명 중 2.6%인 117만 명이 한국을 방문했는데, 중국인 해외여행객이 1억 명에 달할 것으로 예상되는 2015년, 이중 10%만 유치해도 연간 1천만 명을 웃돌게 된다는 전망을 토대로 한 것이다.

정부는 이밖에 연중휴가를 즐길 수 있는 선진형 휴가문화를 정착시키는 등 여가생활의 패러다임 자체를 바꿔 '관광 내수'를 획기적으로 촉진시킨다는 방침도 발표했다. 이명박 대통령은 "좋은 일자리를 많이 만들 수 있는 게 바로 관광이라고 생각하는데 관광산업에 세제와 육성정책을 펴지 않은 게 사실."이라며 "외국에 나가는 사람이 1,000만 명이나 되고, 들어오는 사람이 600만 명에 불과해 여행수지 면에서 큰 격차가 벌어지고 있다."고 염려했다.

아시아 주요국들은 이미 관광시장을 놓고 총성 없는 전쟁에 들어갔다. 작년부터 '한국방문의 해'를 선언하고 3년 간 관광산업 육성에 열을 올리는 한국뿐만 아니라 중국도 '관광산업 5개년계획'의 2단계인 진흥단계(2006~2010)를 거쳐 본격적인 강화단계(2011~2015)로 도약하려고 한다. 그동안 철저한 윤리국가를 표방하던 싱가포르 또한 관광산업 진흥을 위해 카지노를 허용하는 모험적 실험을 진행하고 있다.

우리나라의 역대 정부들도 관광산업 육성 목표를 거창하게 내세우곤 했지만 항상 구호에만 그쳤고 실제로는 그동안 우리나라의 관광산업은 항상 정부정책 우선순위에서 밀려온 것이 사실이다. 한편 이번 기회에 '관광한국의 이미지'도 바꿔나가야 한다. 아직도 만연해 있는 외국인을 상대로 한 택시요금 바가지, 비위생적인 먹거리, 불결한 화장실, 종업원 불친절 등을 개선해야 한다. 전국민 관광 선진행동 캠페인 같은 것도 필요하다.

관광산업은 고실업사회의 대안이기도 하다. 관광산업의 취업 유발계수(지출 10억 원당 유발되는 취업자 수)는 52명으로 정보통신 산업 10명, 일반 제조업 25명 등 타 산업에 비해 월등히 높고 전체 산업 평균의 2.5배이다. 세계 주요 국가들이 관광산업을 석유, 자동차와 함께 세계 3대 산업의 하나로 키우고 있는 것도 이 때문이다.

우리나라는 부존자원이 부족한 나라이다. 따라서 우리나라가 경제위기 속에서 살아남을 수 있는 산업 중에 가장 대표적인 것이 관광산업이다. 그런 의미에서 관광산업의 중요성은 아무리 강조해도 지나치지 않다.

그러나 아직 우리나라 관광산업의 국내총생산GDP 비중은 6.7%로 일본의 8.9%, 중국의 10.5%에 한참 뒤처지고 있다. 외국인관광객 1,000만 시대를 열기 위해서는 숙박시설 증설 등 관광인프라 개선이 시급하다. 정부는 관광산업의 중요성을 재인식하고 과거처럼 구호에만 그칠 것이 아니라 실질적인 관광산업 육성을 통한 일자리 창출에 진력해야 할 것이다.

2011년 7월

경제 양극화가 문제다

무상급식, 반값등록금, 무상보육, 지금 정치권에서는 2012 선거를 앞두고 여야가 경쟁적으로 한국형 복지, 보편적 복지, 맞춤형 복지 등 복지공약을 쏟아내고 있다. 바야흐로 '복지'의 전성기다. 세상에서 '공짜' 싫어할 사람은 없다. 얼핏 정치권의 '무상복지 공약'을 보면 우리나라가 곧 스위스와 같은 복지국가에 도달한 듯한 느낌도 받는다.

본래 국민소득이 2만 달러 시대에 진입하면 자연스레 '삶의 질'에 관심이 높아지게 된다. 그러나 복지천국이라는 유럽 선진국가들의 사례에서 보듯, 무리한 복지확대는 결국 국가경제에 엄청난 재정부담으로 돌아온다. '요람에서 무덤까지'라는 말로 상징되는 복지 시스템을 자랑하던 유럽 국가들이 최근들어 연금 제도 때문에 홍역을 치르고 있다. 그동안 풍요한 복지를 구가하던 그리스는 국가부도 사태까지 내몰렸고 독일과 영국은 퇴직 연령을 현 65세에서 단계적으로 늦출 계획이다.

지금 우리나라는 소득양극화뿐만 아니라 각 분야에서 양극화 현상이 점점 심화되고 있다. 영국 일간 파이낸셜타임스FT는 '양극화 심해지는 한국경제'란 특집기사(11년 5월 30일)에서 한국은 경제 여건이 취약하고 고르지 못한 상황에서 "빈부격차가 커지면서 자살률은 인구 10만 명당 31명꼴로 세계에서 가장 높은 수준."이라며 이것은 "국제사회에서 한국이 경제성장의 성공모델이라는 통설과 맞지 않는다."고 했다. 그리고 양극화가 심화하면서 "전형적인 '재벌의 가치'로 요약되는 이력을 가진 이명박 대통령이 대기업과 중소기업, 기업과 노동자의 격차를 줄이기 위해 동반성장이라는 가치를 들고 나왔지만 냉소적인 반응을 얻었다."고 분석했다.

'IMF사태 이후 빈곤탈출 더 힘들어졌다', '소득, 부동산 양극화 갈수록 심화', '소득보다 더 심각한 자산양극화', '장ㆍ노년층 상위 10%가 전체 자산의 절반을 보유', '도시 빈곤층 급격하게 증가, 100가구 중 14가구로서 OECD 국가 중 가장 빠른 속도로 증가', '가구15%가 88만 원 세대', '하위 1% 상당수 소득 제로', ' 계층간 빈부격차 사상최대', '소득하위 20% 빚내어 살아가고 있다'등 최근 몇 년 간 양극화 현상을 보도한 국내 언론기사 제목만 보아도 양극화의 정도가 얼마나 심각한지 알 수 있다.

보건복지부에 의하면 국내 빈곤층 규모는 전체 인구의 하위 20% 안팎인 740만~1,000만 명에 이르는 것으로 추정되는데 이 중 기초생활수급자 160만 명을 포함한 740만 명 가량을 '빈곤 정책'의 대상이라고 보고 있다. 그러나 이들에 대한 복지는 충분하지 않은 상황이다. 한정된 재원으로 무상복지정책이 실시되면 저소득, 빈곤층 재기를 위한 재원은 상대적으로 그만큼 줄어들게 된다. 그렇기 때문에 복지전략을 우리 상황과 여건에 맞게 펴나가야 한다.

한국식 복지정책 없나?

복지만 선진국을 따라하다가 추락한 남미국가의 전철을 밟아서는 안 될 것이다. 진정한 복지는 성장을 통해 일자리 창출과 부의 재분배가 이루어지는 지속 가능한 복지일 것이다. 경제학자 피구Pigou A.C는 경제적 복지는 "국민소득이 증대할수록, 국민소득이 안정될수록, 그리고 국민소득이 평등화할수록 증진한다."고 했다. 현재 우리나라의 복지수준은 OECD경제협력개발기구 30개국 중 26위이다. 2011년도 복지예산 규모는 86조로써 정부예산안 309조 원 중 28%를 차지하고 있어 사상 최대치이기도 하다.

우리나라는 복지지출이 2050년에는 GDP의 21.6%까지 급증할 전망이다. 복지예산의 국민조세 부담률을 보면 북유럽 국가들은 40% 이상 수준이다. 우리나라는 25% 수준이다. 그리고 우리나라 국가채무는 2010년 현재 394조 4000억으로 GDP국내총생산 대비 34.2%에 이른다. 국가빚 400조 원 시대에 접어들면서 이에 따른 이자 부담이 불어나 금년에는 이자 부담이 23조 원에 달할 것으로 추정됐다. 국민 1인당 부채는 800만 원 수준이다. 빚내서 퍼주기, 성장 없는 분배로는 도저히 재정을 유지할 수가 없고 재원 조달을 위해서는 증세가 불가피하다. 그리고 위에서 언급했듯 양극화로 인한 빈곤의 문제를 풀어야 한다.

미래학자 앨빈 토플러는 "빈곤은 모두의 적이다."라고 역설했듯이 인류는 오랜기간 동안 사회의 소득분배에 대해 고민해 왔다. 정부는 어떤 국민도 추락하지 않도록 '안전망safety net'을 쳐야 한다는 것이다. 경제적 측면에서 복지국가로 가는 데는 반드시 사회적 양극화 해소라는 단계를 거친다. 왜냐하면 보편적 복지정책에는 중산층까지 포함되므로 저소득,

서민층만을 위한 맞춤형 복지예산이 상대적으로 축소되기 때문이다.

한편 복지정책은 국민성에 나태함과 안이함이 배어나게 한다. 정부가 모든 것을 돌보아주기 때문에 국민들 스스로 근면하게 일을 해야 할 필요를 느끼지 않게 된다. 일할 의욕이 없어지고 근로자들은 생산성과는 무관하게 파업을 통해서 임금을 올려 받으려 한다. 소위 '영국병'과 같은 '한국병'이 생길 우려가 있다. 우리나라는 이제 국민소득 2만 달러 시대에 겨우 진입했고 아직 선진국 문턱에 머물고 있다. 그렇기 때문에 아직 복지천국이라는 샴페인을 터트릴 때가 아니다. 국가채무가 계속 늘어나고 있기 때문이다.

우리나라 재정투자의 효율성은 OECD 회원국 중 최하위 수준이기도 하다. 2012년 선거를 앞두고 정치권의 무책임한 복지공약보다 나라 살림을 더욱 건실하게 할 생산적 공약이 많아졌으면 좋겠다. 복지는 시행하기는 쉽지만 축소하기는 매우 어렵다. 유럽 국가들이 재정적자 해소를 위해 복지혜택을 줄이자 이에 반대하는 파업과 시위가 곳곳에서 이어진 것을 봐도 알 수 있다.

지금 우리에게 당장 급한 복지는 전 국민에게 조금씩 나눠주는 것보다 소득 양극화 문제를 해결하는 것이 급선무라 하겠다.

2011년 7월

이명박 정부, 공생발전의 명분과 현실

이명박 대통령은 지난 8.15광복절 경축사에서 '공생발전Ecosystemic development'이라는 화두를 던졌다. 공생共生의 사전적 의미는 '2가지 서로 다른 생물들이 더불어 살아 가는 것'을 말한다. 생물이 공생하면서 그들의 생활상 이익을 얻거나 손해를 보는지에 따라서 상리相利공생, 편리便利공생으로 나눈다. 상리공생은 함께 생활하며 상대생물과 이익을 주고 받는 경우이고 편리공생은 한쪽 생물에게만 이익이 되는 경우로 서로 도우며 살다가도 먹이가 없어지면 상대를 먹어 버리는 경우이다.

공생발전의 삶은 상대방 존재가치와 능력을 존중하는 풍토에서 빛을 발하는 삶이다. 원래 자연생태계란 먹고 먹히는 관계이기 때문에 적자생존, 약육강식의 먹이사슬이라는 정글의 법칙에 의해서 지배된다. 자본주의 체제 하에서의 시장경제 논리도 승자독식, 약육강식의 법칙이 작용하는 냉엄한 환경이라는 점에서 자연생태계와 공통점이 있다.

그러나 공생발전이란 개념은 생태계의 부정적 측면이 아닌 긍정적인 면만 원용하자는 것일 것이다. 생태계는 먹이사슬이라는 생존법칙에 의해서 질서 있게 지배되지만 시장경제는 정부의 정책적 통제·간섭이 없다면 마치 브레이크 없는 자동차와 같이 강자만이 일방 질주하게 될 것이다. 공생이란 의미가 상호발전이라면 결국은 경제성장과 사회통합을 조화시키는 발전정책에 관심을 가져야 한다.

MB정부는 집권초 '창조적 실용정부'로 출발했다. 실용정부는 '작은 정부, 큰 시장'을 근간으로 하여 정부조직 통합·재편, 국가예산 20조 원 절감, 규제 혁파, 공기업 효율화 등의 내용을 담고 있었다. 통일·외교에서도 '국익 우선의 실용주의 외교'를 강조해 왔다. 그것은 보수와 진보, 지역, 세대를 뛰어 넘는 국민통합을 이뤄내고, 국민 경제를 살리겠다는 의미였다. 그러나 취임 초부터 부유층을 상징하는 고소영(고대,소망교회,영남) 강부자(강남의 땅부자) 내각으로 홍역을 치루더니 747대선공약도 물 건너가 버렸고 국민들에게 실망만 안겨줬다. '기업프렌들리' 정책도 결과적으로는 대기업만 키워주고 중소기업은 하청업체로 전락하였다.

MB정부 후반기 국정 어젠다는 공정사회 구현이다. 공정사회란 공평하고 정의가 통하는 사회를 말하며 구체적으로 빈부격차가 크지 않고 열심히 일하면 누구나 잘 살 수 있는 사회, 법질서가 바로 서는 일하기 좋은 사회일 것이다. 그런데 공정사회, 올바른 사회와 거꾸로 가는 일들이 발생하고 있어 참으로 유감스럽다. 최근 청와대에서 대통령 측근 비리가 계속 터져나오고 있다. 이명박 대통령은 27일 측근 비리와 관련 "법무부에서 권력형 비리나 가진 사람들의 비리를 신속하고 완벽하게 조사하라."고 지시하며 "대통령 친인척이나 측근이면 측근일수록 더 엄격하게 다뤄야 한다."고 강조했다. 그리고 "힘 가진 사람, 권력 가진 사람, 돈 가진 사람이 없는 사람보다 비리를 더 저지르고 있다."며 "이것을 벗어나지 못하면 일류국가가 될 수 없다."고 했다.

MB정부는 집권 1년여를 남겨 놓고 이번에는 또 '공생발전'이라는 다소 생소한 용어를 들고 나왔다. 공생발전은 환경과 성장, 성장과 삶의 질 향상 등이 수반되는 한 단계 업그레이드된 새로운 발전 체제를 의미한다고 했다. 공생발전의 일환으로 우선 동반성장이 추진되고 있다. 공정거래위원회는 28일 동반성장 종합대책 수립 한 돌을 맞아 대기업의 부당 단가인하를 중심으로 한 불공정 하도급거래와 유통분야 거래질서를 개선할 방침이라고 했다.

오는 10월에는 제조업 서면 실태 조사에서 단가인하 사실이 지적되거나 정기ㆍ수시 제보가 있는 3~4개 업종을 대상으로 조사하고 기업 간 기술 탈취 행위도 엄정 대처키로 했다. 동반성장위원회는 27일 '중소기업 적합업종 1차 선정 품목'을 발표했다. 포함된 항목은 세탁비누, 순대, 청국장, 고추장, 간장, 된장, 막걸리 등 16개 품목이다. 이에 대한상공회의소는 성명서를 내고 "자율적 합의정신을 존중하고 시장경제 원칙을 지켜나가는 노력이 있어야 한다."면서 정부 시장 개입에 대한 우려를 우회적으로 밝히기도 했다.

생태계는 각자 생존을 위한 필요에 의해서 공생하게 된다. 기업에서의 동반성장, 말은 쉽지만 그 속을 들여다 보면 결코 만만치 않다. 기업의 목적은 이윤 창출에 있다. 자선단체가 아니다. 그렇기 때문에 온갖 경영전

략과 기법을 동원하고 때로는 편법도 마다하지 않고 이윤 창출에 열을 올리고 있는 것이 기업 현장이다. 글로벌 기업 경쟁에서 살아 남으려면 어쩔 수없는 선택이다. 그런데 동반성장하려면 대기업 이윤의 일정 부분을 중소납품 업체에 배분, 기술공유 등을 해야 하는 것이다.

현실적으로 대단히 어려운 일이다. 그에 따른 부작용도 많을 것이다. 잘못되면 상리공생이 아니라 편리공생이 될 수도 있다. 그렇기 때문에 공생발전이 실효를 걷으려면 정부의 정책적 · 제도적 장치가 뒷받침되어야 함은 물론 대기업 특히 총수의 의지가 매우 중요하다 하겠다. 그렇지 않으면 한낱 구호에 그칠 뿐이다. 동반성장은 정부의 간섭이 아니더라도 자발적 지속적으로 이루어져야 할 것이다.

2011년 9월

위기의 한국경제, 돌파구는 있는가?

유럽발 금융위기로 지구촌 경제가 위험하다. 복지천국을 자랑하던 유럽 국가들이 속속 국가부도 위험으로 내몰리고 있고 국제신용평가업체 S & P스탠더드앤드푸어스가 19일 이탈리아의 신용등급을 강등함에 따라 유로존 경제권을 뒤흔들었다. 지난주 신용등급이 강등된 프랑스 은행들에서는 예금 인출사태가 일어났고 그리스·아일랜드·포르투갈 등 유로존 '마이너 국가'에서 시작된 재정위기가 마침내 '메이저국'으로 확산됐다는 경고음에 시장은 마침내 올 것이 왔다는 반응이다. 위기 징후가 글로벌 금융시장을 강타하고 있는 것이다.

특히 그리스 사태가 향후 세계경제의 향배에 중요한 뇌관으로 작용할 것이다. 앙겔라 메르켈 독일 총리는 25일 그리스 디폴트를 허락한다면 유로존에 대한 투자자들의 신뢰를 무너뜨려 리먼브라더스 붕괴 이후처럼 위험이 확산되는 사태가 발생할 것이라고 강조하고 "우리가 통제할 수 있는 조치를 취해야 한다."라며 그리스 디폴트와 글로벌 금융위기를 본격적으로 심화시킨 2008년 리먼브라더스 파산 사태를 비교했다. 이미 유럽 정상들은 지난 7월 정상회의 당시 그리스 사태가 다른 국가로 전염되는 것을 막기 위해 2013년 중순까지 효력이 있는 EFSF유럽재정안정기금의 권한을 키우는 방안에 합의한 바 있다.

지금의 위기의 진원은 유럽 국가들의 재정악화에서 촉발됐기 때문에 2008년도 금융위기 때와는 달리 해결책을 찾기가 쉽지 않다는 것이 세계경제의 고민이다. 세계 경제가 사실상 위기 국면에 진입한 것이란 경고가 나오고 있는 가운데 2011년 부도 위험에 노출된 국가가 2008년 글로벌 금융 위기 때보다 늘어난 것으로 파악되고 있다. 한국의 국가 부도위험도 주요 은행 신용등급이 강등된 프랑스보다도 높아졌다. 원·달러 환율도 3년 전 리먼브러더스 파산과 함께 본격화한 세계 금융위기 때보다 더 가파르게 치솟고 주가 하락도 당시보다 심각하다.

세계경제 위기의 파고에 한국경제도 주식시장이 연일 폭락을 거듭하면서 패닉상태에 빠져들고 있다. 지금 한국경제는 성장은 둔화되고, 물가는 치솟고, 금융부채는 늘어나고, 원화값은 급락하고 있는 등 '4대복병의 위기'에 빠져 들었다고 전문가들은 진단하고 있다.

경제성장률은 2010년도 6.2%에서 금년 상반기는 3.8%를 기록했고 내년에는 3%대 중반에 그칠 것이라는 전망이다. 치솟는 물가는 2010년도에는 2.9% 상승했으나 금년 8월까지 5.2% 상승률을 기록했다. 금융부채(공공, 가계, 기업 포함)는 2010년 말에는 3,156조 원이었으나 금년 6월 말 기준 3,283조 원으로 급증했고, 달러 환율 가격은 2010년 말 종가기준 1,146원이었으나

분기별 내수 및 수출증가율 추이

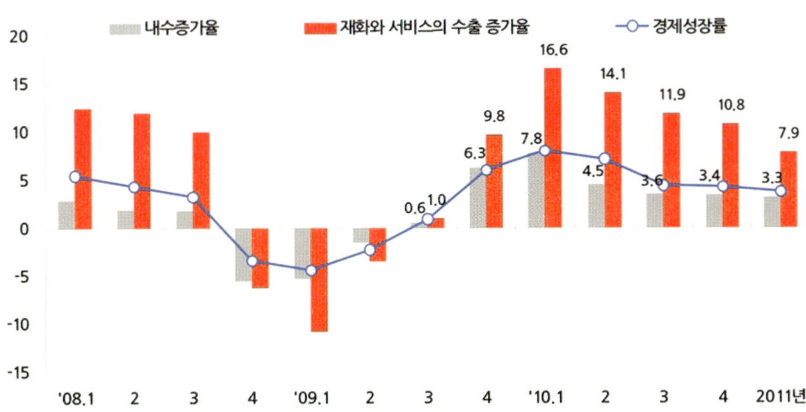

주 : 1) 2010년 3/4분기부터는 삼성경제연구소 전망치
　　2) 2011년은 연간 성장률 (2010년의 연간 수출증가율은 13.2%, 내수증가율은 4.7%)
자료: 한국은행, ECOS : 삼성경제연구소

28일 종가는 1,171원으로 계속 원화가치가 하락하고 있다.

　그나마 다행인 것은 우리나라의 8월 말 기준 외환보유액이 3,122억 달러였다. 9월말 기준하여 3000억 달러선을 지켜낼지 여부는 불투명하지만 우선은 안정권이라고 할 수 있다. 정부는 27일 국무회의를 통해 지난해보다 5.5% 늘어난 총 326조 1000억 원의 내년 예산안을 확정했는데 그 내용을 보면 건전재정과 경기부양을 동시에 달성할 수 있는 '양다리 예산' 편성이다. 기업 경기전망도 불투명해서 올해 2분기 상장기업의 성장성과 수익성이 모두 둔화된 것으로 조사됐다.

우리는 지난 IMF위기도 가장 성공적으로 극복한 나라로서 평가 받고 있다. 블룸버그 통신의 칼럼니스트 윌리엄 페섹은 그리스와 유로존(유로화 사용 16개국)이 위기를 극복하기 위해선 한국을 본받아야 한다고 강조하고 "위기돌파를 위해선 1998년 한국의 '금모으기 운동' 등 일반 국민들의 적극적인 협조가 절실하다."고 말했다(10년 7월 24일). 그만큼 한국은 과거 IMF 사태를 비롯하여 이후의 여러차례 글로벌 금융위기를 성공적으로 잘 극복한 국가로 평가되고 있다.

경제를 살리겠다고 하며 출범한 MB정부는 747경제공약(7%성장, 국민소득 4만달러, 7대경제강국 진입)을 착실히 이행하려고 힘찬 발진을 하였다. 그러나 현실은 그리 수월하지만은 않았다. 정권 출범후 얼마 안 가서 공약은 공약空約이 되고 말았다. 친기업 정책과 금산분리 정책은 대기업 위주로 실행됨으로써 결과적으로 대기업과 중소기업 간의 양극화와 소득 양극화 현상만 심화시켰다. 경제정책은 중ㆍ장기적으로 일관성있게 집행되어야 함에도 그동안 정부는 그때그때 땜질식 처방으로 일관해 왔다. 특히 부동산 정책은 시행착오를 거듭했다.

MB물가 관리, 초과이익 공유제, 비정규직 해소, 기업의 동반성장 등도 구호만 요란할 뿐 효과는 미미했다. 그 와중에 서민경제는 점점 어려워졌다. 특히 수차례에 걸친 부동산 대책 발표에도 불구하고 전월세난은 해소되지 않고 가계 부채는 늘어만 가는 총체적 난맥상을 드러내고 있다.

최근 청와대는 세계경제 위기와 물가불안 등에 대처하기 위해 비상경제체제를 1년 만에 재가동하고 위기극복에 적극 나서고 있다. 이제 MB정부가 실질적으로 일할 수 있는 1년여 기간 동안만이라도 잘못된 경제정책

을 바로잡고 특단의 대책으로 어려운 경제 난국을 돌파해 나가야 할 것이
다.

2011년 9월

선진정치의 꿈

골이 깊어지는

극우 극좌의 극단적 이념 대결

그리고 가족·공동체 사회의 붕괴, 무한경쟁으로

패배자들을 배제시키는

이기적인 사회분위기, 심화되는

경제 양극화 등 우리사회가 해결해야 할 과제들이

수없이 밀려들고 있다

우리 사회가 이를 풀어내는 민주적 절차와

정치 문화를 정착시키지 못한다면

사회의 분열은 물론이거니와 선진복지국가

또한 이룰 수 없을 것이다

이젠 중도실용 정치다

2011년 여름은 아이들의 밥상 문제로 온 나라가 뜨겁게 달아올랐다. 어른들이 서울 각급 학교의 무상급식 문제를 놓고 이전투구를 한 탓이다. 급기야 무상급식 찬반투표에 이명박 대통령의 의중이 덧붙여지면서 이 문제는 국가적인 현안으로까지 대두됐다. 복지 포퓰리즘 논란도 낳았다.

하지만 대다수 시민들이 찬반투표에 참여치 않았고 개함도 못한 채 논란은 막을 내렸다. 무상급식에 강력 반대하던 오세훈 서울시장은 막판에 시장직까지 내걸며 주민참여를 독려했지만 공허한 메아리에 그쳤다. 시민들은 1년여 만에 또다시 시장을 뽑느라 진통을 겪었다. 서울시장 보궐선거가 치러지면서 이 나라는 보수와 진보진영 간의 극한 대립이 재연됐다.

진보 보수 이념논쟁 이제 그만

한국사회의 고질적 싸움 중 하나는 진보와 보수의 이념논쟁이다. 그런데 그중 대부분이 '국익'을 위한 실용적 상생 토론이 아닌 '반대를 위한 반대'에 머물고 있어 늘 아쉬움이 남는다.

필시 미래지향적 '발전'을 위한 논쟁은 불가피하다. 왜냐하면 개인의 의식이나 시대적 사조는 늘 생동감 있게 변화하고 있기 때문이다. 마치 인간 한 개체를 놓고 볼 때 시간에 따라 그 사람의 몸과 마음이 변하는 것처럼 말이다.

그런 의미에서 역사적 필연의 과정으로 여겨지는 1990년대 공산권의 붕괴는 인류 발전 모델의 큰 전기를 마련했다. 이로써 또다시 세계는 변화하기 시작했던 것이다. 자유로운 인간의 이성을 억눌렀던 절대이념에 대한 자유의 바람으로 말이다. 그리고 지금은 여기저기 '변화'라는 말이 폭넓게 회자되고 있다.

하지만 아직도 세계적 시대정신과 달리 변하지 않는 곳이 바로 분단 60년의 질곡 속에서 보수와 진보 논쟁이 뜨거운 대한민국이다. 매년 3·1절 8·15 광복절이 오면 어김없이 보수 진보단체의 '따로집회'를 통해 그 갈등이 표면에 노출된다. 이미 세계는 지난 한 세기를 지배하던 이념 논쟁을 넘어 '경제중심'의 실용사회로 매진하고 있는데 말이다. 이제 그 '변화'라는 말이 우리사회의 시대적 소명이라는 절박성으로 다가온다.

4·19 혁명 51주년을 맞아 민주당 당직자들과 함께 묘역 참배

독재 대 반독재, 민주 대 반민주

민주화의 열기에 목말랐던 7,80년대, 그때는 적과 아군이 뚜렷했다. 반민주·독재와 민주·반독재의 치열한 싸움으로 그들과 한 하늘 아래 함께 살 수 없어 치열하게 싸워야만 했다. 그 결과 이 땅의 젊은이들이 먼저 죽어가면서 민주주의는 피를 먹고 자란다는 과거 프랑스 혁명 당시의 말을 실감하게 했다.

이런 역사과정 가운데 한국정치는 자연스럽게 적과 아군을 구별 짓는 진보와 보수란 이념의 우산 아래 비타협 전선이 구축됐다. 그러니 당시 타협은 적에게 투항하는 비겁자의 모습으로 비춰졌었다. 실제 그 숱한 중도의 이름으로 타협에 나섰다가 사쿠라란 오명을 뒤집어쓰고 역사의 뒤

안길로 사라졌던 일이 얼마나 많았던가.

한국사회의 보수와 진보 노선은 과거 공산사회주의의 이념대결로 인한 냉전의 산물이었다. 그 영향으로 극우 보수 중도 진보 극좌 등 다양한 스펙트럼으로 분화된 채 각개약진을 거듭하고 있다.

하지만 1990년대 공산권의 붕괴는 한국사회에 엄청나게 변화된 시대정신을 요구하고 있었다. 이후 급격히 '투쟁'만이 '발전'이라는 인식은 옅어져 갔다. 오히려 투쟁은 분열과 파괴뿐이며 또한 역사의 기형적 변천이라는 인식이 자리잡아 가고 있었던 것이다.

지역의 벽을 이젠 넘어야

그리고 한국정치의 고질적 과제인 '지역의 벽'을 얘기하고 싶다. 지난 1998년 김대중 정부의 탄생은 사상 최초의 여야 정권교체와 함께 '호남정권' 탄생이라는 권력이동의 의미가 있었다. 하지만 이는 상대적으로 영호남 간 지역의 벽을 더 높이는 결과를 초래했다. 오히려 이후 치러진 선거에서 영남지역의 반민주당 정서가 심화된 것으로 나타났기 때문이다. 김대중 정부야말로 지역감정의 최대의 수혜자이면서 피해자였던 것이다.

그간 정치 경제적 소외지역이었던 호남은 이제 지난 김대중 정부의 탄생으로 정치적 한을 풀고 한층 성숙해진 모습으로 변모하고 있다. 이후 호남이 중심이 되어 부산 출신 노무현 대통령을 탄생시킨 것은 대단히 고무적인 일로 받아들여진다.

하지만 그렇다고 한국사회에 지역의 벽이 없어진 것은 아니다. 호남에도 한나라당 의원이 탄생하는 실증적 증거가 필요하기 때문이다. 그리고 궁극적으로 경상도 출신 대통령이 탄생하면 전라도에서 환영하고, 전라도 출신 대통령이 나와도 경상도에서 환영하는 그런 시대를 꿈꾸어 본다.

지난 2008년 미국은 역사상 최초의 흑인 대통령 오바마를 탄생시켰다. 흑백 갈등이 지역의 골보다 깊다는 미국에서 그들은 흑인을 선택한 것이다. 이는 무엇을 의미하는가. 이젠 진정 우리가 지역을 넘는 그런 사회에 도전해야 할 막중한 과제를 느낀다. 그 날이 속히 오기를 바란다.

실종된 타협의 정치

서울시 주민투표 선거운동이 시작될 무렵 이명박 대통령은 "무상급식 투표 꼭 이겨야 한다."고 말한 것을 한 일간신문이 보도하고 나섰다. 8월 24일 서울시 무상급식 찬반투표에 이명박 대통령의 의중까지 보도되어 이젠 아이들 밥상문제가 국가적 차원으로 커졌던 것이다. 실제 무상급식에 대한 찬반여부는 무의미했다. 국가재정이 허락하는 범위에서 얼마든지 찬반을 논할 수 있기 때문이다.

4대강도 마찬가지였다. 그 많은 비판에도 4대강은 현 정부의 그 어떤 타협도 없이 강행되었다. 그러한 파행이 결국 작년 6·2지방 선거의 민주당 돌풍으로 이어졌으며, 그 핵심에 포함된 '무상급식'이 그 상관관계 속에서 진행되고 있었던 것으로 알고 있다.

지금 우리 정치권엔 아직까지도 '모 아니면 도'인 제로섬 게임이 작용하고 있다. 한나라당이 지원하는 서울시 오세훈 시장은 무상급식에 대해 '소득하위 50%의 학생을 대상으로 2014년까지 단계적으로 무상급식 실시'를 주장하고 있다. 반면 민주당은 '소득 구분 없이 모든 학생을 대상으로 초등학교는 2011년부터, 중학교는 2012년부터 무상급식 전면실시'를 주장하고 있다.

그렇다면 그 시기 범위를 놓고 얼마든지 타협이 가능하질 않는가. 이것이 한 나라의 대통령까지 나서서 주민들에게 투표를 종용할 정도의 사안이 됐다는 말인가. 주민투표 결과를 떠나 또다시 타협이 실종된 우리정치의 현주소를 그대로 드러내 보이는 것 같아 답답한 마음이다.

격투기장으로 변모한 정치권

현 여당은 지난 10년의 진보정권과의 차별화를 위해, 그리고 현 야당은 차기정권 쟁취를 위해 끝없는 제로섬 게임을 벌이게 됐다. 결국 국회는 생산적 토론장이 아닌, 생사가 걸린 격투기장으로 변질되어 버린 것이다. 과연 언제까지 정치보복의 악순환이 계속될 것인가.

한 인간에 있어서도 장단점은 반드시 있는 법이다. 정권에 있어서도 마찬가지다. 그런데 그 단점만을 부각시킨다면 이미 상생관계는 깨지기 마련이다. 때문에 이제야말로 정치보복이 아닌 지난 과거를 아끼고 사랑하는 대승적 차원의 정치적 패러다임이 구축되어야 한다는 양심의 소리가 들리고 있다.

과거 90년대 초 미국에서 한 장관이 "전직 장관의 장점을 잘 살리고, 여기에 나의 철학을 담아 소신있게 업무를 수행하겠다."고 말한 취임사를 나는 잊질 못한다. 그가 말을 너무 잘했기 때문이 아니었다. 당시 한국풍토에서의 취임사였더라면 '과거 장관이 잘못했다. 난 이렇게 하겠다.'는 형식이었을 것이다. 하지만 한국적 풍토와 전혀 다른 취임사는 나에게 충격과 함께 하나의 신선함으로 다가오는 것이었다. 지금 생각하면 너무도 당연한 말인데 말이다.

2010년 6 · 2 지방선거 이후

민주당 돌풍, 한나라당 참패로 끝난 지난 2010년 6 · 2 지방선거 이후 한나라당 발 '친서민' 그리고 '중도실용'이라는 말들이 들려왔다. 한나라당은 정기국회 이슈로 '친서민 중도 실용'과 '공정한 사회'를 내걸고 서민의 마음을 안아주는 따뜻한 민생국회를 강조하며 상임위별 쟁점법안 161건 속에 SSM 규제법안인 유통산업발전법, 신용카드 수수료 인하 정책, 중소기업 우대 세법 개정안 등 민생법안을 상정할 것을 밝혔다. 이명박 정부 하반기 국정 주도권 확보와 분위기 일신을 위해서란다.

이에 민주당도 30개 서민정책과 40개 법안을 발표하면서 서민정책을 강조하고 나섰다. 40개 법안에 SSM 규제법안, 부자감세 철회 법안과 무상급식 · 무상보육법, 틀니 문제 해결과 경로수당 확대 등의 효도복지법 등을 포함하고 민생행보에 나선 것이다.

중도실용의 꿈

이 나라의 장래를 위해 이제야말로 우리사회에 이념논쟁을 접고 중도실용이 실천되는 사회가 되었으면 좋겠다고 생각한다.

여기서 '중도'란 단순히 이념적 중간지대를 말하는 것이 아니다. 이미 우리사회는 90년대 공산권 붕괴, 상대가 되지 않는 북한과의 경제적 격차, 민주화의 진전 등의 영향으로 이념적 편차가 상당히 줄어들었다는 것이 공통된 의견이다. 때문에 '진보는 옳고 보수는 그르다'는 논리 자체가 우스꽝스러울 만큼 진보보수의 이념적 차이가 줄어들고 있다. 실제 한나라당에서도 친서민을 이야기하고, 민주당에서도 국익적 측면의 친대기업이 이야기되어지고 있다. 그런 의미에서 중도는 이미 우리 앞에 가까이 와 있다.

'실용'이란 말 그대로 실생활에 필요한 것을 준용한다는 것이다. 우리 현실을 더듬어, 실용의 준거는 정치적으로 빈부를 벗어난 정의적 측면과 외교적으로 국익적 측면이 있다. 이젠 '부자富者와 빈자貧者'라는 이분법적 도식을 넘어 정직하게 열심히 땀 흘려 재화를 일군 부자를 우리사회가 적극적으로 옹호하고 그 권익을 보호해야 한다는 생각이다. 물론 부동자 투기나 세금포탈 등 부정한 방법으로 부를 일구었다면 이는 '일탈적 부정'으로 봐야 한다.

그런 의미에서 우리사회는 땀흘려 부를 일군 부자를 마땅히 존경하는 풍토가 조성되어야 한다. 만일 자신이 가난하다면 그런 부자들을 삶의 목표 삼아 그들처럼 열심히 일해야 한다. 이런 사람이 많아진다면 '상식이 통하는 사회'로 금세 변화되어질 것이다.

정의로운 부자와 함께 만드는 실용사회

실용사회는 시민들의 상대적 박탈감이 해소되어 일각의 극단적 이념 논쟁으로부터 자유로운 사회를 지향한다. 그렇게 되면 좌파니 우파니 하는 것도 촌스런 이야기가 되고 말 것이다. 빈자들이 가난을 자신의 탓으로 돌리고 열심히 일하는 사회적 분위기로 인해 말이다.

상대적으로 부자들도 빈자들의 마음을 잘 알기에 그 사회적 책임을 충실히 할 것이다. 유전무죄 무전유죄의 법조계 비리도 통하지 않을 것이다. 그리고 사회 상류층에 따르는 도덕적 책임과 의무를 의미하는 노블레스 오블리주noblesse oblige, 부자들의 사회기부가 폭넓게 이어질 것이다. 이것이 진정 내가 꿈꾸는 실사구시의 실용사회다.

하지만 현실적으로 사회 불평등, 소득격차를 의미하는 지니계수가 사상최고 수준이다. 그리고 정치인들의 인사 청문회 때마다 항상 큼지막한 먼지(?)들이 쏟아져 나오는 게 일상이 되고 있다. 이러한 때에 정치란 사회적 약자인 서민을 위한 정책적 배려로 나아가야 한다.

중도실용이 이 사회의 중심 주류 되어야

내가 바라는 우리사회의 이상적 스펙트럼은 '중도실용'이 중심 주류가 되면서 극좌 극우의 양극단을 날개삼아 나아가는 형태이다. 지나치게 극우와 극좌가 팽배하면 사회통합은 물론 미래 남북통일에도 전혀 도움이 되지 않는다. 극우와 극좌는 정책적 보완은 될 수 있겠지만, 정책주류로 나설 시 국론분열의 엄청난 혼란이 만들어진다.

지금 우리는 우리 주위를 돌아보아야 한다. 엄청난 영업이익을 내고 있는 대기업 틈 속에 원가이하 제 살 깎기로 희생당하는 중소기업이나 하청업체는 없는지, 열심히 모은 적금 속도보다 몇백 배 빠르게 오른 집값으로 내 집 마련의 꿈을 송두리째 빼앗긴 성실한 직장인은 없는지, 줄줄이 인상되는 공공요금으로 더더욱 쪼들린 삶에 고통받는 독거노인은 없는지, 내 집 마련 후 부동산 가격 하락과 함께 과중한 대출로 시름에 잠긴 가장은 없는지, 외국에서 신부감을 구할 만큼 버림받은 농어촌에서 생을 한탄하는 나이든 총각은 없는지, 고액 등록금으로 수업이 끝남과 동시에 아르바이트에 매달려야만 하는 우리의 대학생은 없는지 말이다. 민생을 위한 중도실용에 매진할 때다.

민주주의 완결과 남북통일을 위하여

아직도 한국의 민주주의는 진행 중이다. 1970년대 부단한 민주화 투쟁, 80년 서울과 광주의 봄, 87년과 90년 민주화 운동을 거쳐 최소한의 절차적 민주주의 시스템은 구축됐다. 그 과정에서 엄청난 사회적 대가를 치렀지만 민주주의가 완성된 것은 아니었다.

오히려 더 골이 깊어지는 극우 극좌의 극단적 이념 대결 그리고 가족 붕괴와 공동체 사회 파괴, 무한경쟁으로 패배자들을 배제하는 이기적 사

회분위기, 갈수록 심화하는 양극화 등 우리 사회가 해결해야 할 새로운
과제들이 수없이 밀려들고 있다. 만일 우리 사회가 이를 풀어내는 민주적
절차와 문화를 정착시키지 못하거나 또는 공동체 정신을 회복하지 못한
다면 우리사회의 분열은 물론이거니와 미래 남북통일 또한 못할 것이라
는 판단이다.

'중도실용'의 기초 위에 타협과 소통의 새로운 정치문화를 우리사회의
중심주류로 만들자. 우리사회 민주주의 완결과 남북통일을 위해서 말이
다.

2011년 8월

향후 한국 정치리더십 모델, 세종대왕

《소설 대왕세종》,《이도 세종대왕》,《나는 조선이다》,《세종, 조선의 표준을 세우다》,《새시대 큰인물 세종대왕》,《세종대왕의 7가지 비밀》등등 최근 세종대왕 관련 출판이 봇물을 이루고 있다. 세종대왕이 대한민국 리더십 연구에 있어 전통 인물 중 이순신 장군과 함께 대표 주자가 되었다.

위민 그리고 여민동락

세종대왕 리더십의 핵심은 위민爲民사상이다. 한글 창제는 모든 사람들로 하여금 쉽게 익혀 쓰도록 한 취지를 보듯 위민사상의 결정체였다. 그는 당시 누구나 천대받았던 노인 고아 노비 등 약자를 위한 연구를 진행하고 법전을 정비했다. 또한 세종의 정치목표는 여민동락(與民同樂:백성과 즐거움을 함께하다)으로 다소 보수적이면서도 과감한 개혁주의를 펼치며 백성과 동고동락했다.

나는 항상 서울 한복판 광화문에 세워진 세종대왕상을 보고 그 의미를 되새긴다. 그리고 세종의 빛나는 리더십을 연구하면서 대한민국 사회에서 가장 후진적 분야로 일컬어지고 있는 정치 분야의 향후 바람직한 리더십의 모델로 설정하기에 이르렀다. 세종대왕의 리더십을 키워드 형태로 정리해 보면 '지명창통진실수知命創通進實修'로 요약된다.

세종대왕의 7가지 리더십

첫째, '지知'는 지적 리더십이다. 스스로 엄청난 분량의 공부를 하고, 집현전을 통해 통합적 지식을 축적해냈다. 그리고 경연이라는 독특한 공동학습프로그램과 정례회의를 통해 지식을 확장시켜 나갔다. 태종의 즉위기간 학술 경연이 총 4회였던 데 반해, 세종 때에는 1,800회 정도였다고 하니 그 열정에 감탄이 나온다.

둘째, '명命'은 민본에 기초한 소명 리더십이다. 그는 '지금 왕이 된 내가 해야 할 일이 무엇이고 하늘이 나에게 부여한 임무는 무엇인가'를 깊이 생각했다. 그리고 특별히 '백성이 나라의 근본이고 백성은 먹는 것을 하늘로 삼는다'는 분명한 인식이 있었다. 세종에게 있어 백성을 위주로 한 소명의식이 비전실현의 근간이었다.

셋째, '창創'은 창의 리더십이다. 훈민정음을 비롯한 수많은 발명품과 실용적 기구들, 그리고 《의방유취》, 《농사직설》, 《삼강행실》 같은 매뉴얼은 모두 창의경영의 성과들이다.

넷째, '통通'은 소통 리더십이다. 세종은 그 스스로 수준 높은 학문을 갖추었고 왕이 되기 전에 부왕 태종으로부터 '일의 대체를 안다'는 평가를 받을 만큼 통찰력이 뛰어났다. 그럼에도 불구하고 수많은 사안들에 대해 의견을 구하고 신하들의 말에 귀 기울이고 그들의 의견을 채택해서 힘을 실어주었다. 특별히 세종의 경청능력은 경이로운 수준이다. 경청은 소통의 출발이 된다는 것을 세종은 몸소 보여주었다.

다섯째, '진進'은 추진력을 갖춘 실천 리더십이다. 일반적으로 '추진력'이란 언어가 주는 이미지는 각종 장애물과 소소한 민폐는 돌아보지 않고 돌파해내는 저돌성을 나타내 보이지만 세종은 느리더라도 끝내 해내는, 결코 포기하지 않는 일관된 추진력을 보여줬다. 또 하나의 특징은 신하들의 반대를 극복해내는 설득과 타협, 소통을 통해 결국 자신의 일로 받아들이고 스스로 참여하게 만드는 포용적인 실천력을 보여주었다.

여섯째, '실實'은 실용 리더십이다. 어떤 사안을 시작하거나 그 결과를 보고받을 때면 '이것이 백성에게 유용한가'를 물었다. 지킬 수 없는 법은 반드시 폐지해야 한다고 하며 실용적 법제정과 실행에 초점을 맞추었다. 실용은 인재 활용에서도 드러난다. 세종은 뇌물을 받거나 도덕적인 지탄을 받는 사람들도 그의 재능을 먼저 활용하기 위해 스스로 방패막이가 되어 용서하고 등용한 바 있다.

일곱째, '수修'는 수신 리더십이다. 세종은 자기절제와 인내가 몸에 밸 만큼 자신을 다스림에 뛰어났다. 그는 평생학습, 평생수양을 실천했다. 실용을 위한 학습보다도 백성과 신하를 다스림에 있어 마음을 닦는 일을 중요시하고 치중했다.

−네이버블로그 〈세종대왕의 7가지 리더십 요약〉 일부 인용

인재가 나라를 살렸다

위의 7가지 리더십은 특히 세종의 뛰어난 '인재등용'으로도 빛을 발했다.

첫째, 포용적 인재등용론이다. 먼저 부왕인 태종의 사람으로 양녕대군을 옹위했던 황희를 20년간 정승으로 삼았던 대목에 주목하고자 한다. 세종은 황희의 청렴성에도 불구하고 항상 감시자를 붙여 그의 일거수 일투족을 감시했다고 한다. 하지만 세종은 황희를 6조의 판서를 모두 역임케 하고 20여 년을 정승으로 삼았다. 결국 황희는 평생 세종의 정치적인 조력자이자 스승으로 보필한 신하로 남았다. 이어 과거에 장원한 성삼문의 직언에 '앞으로 과인에게 직언으로 대하고 많이 도와달라'고 격려까지 함으로써 훗날 이러한 군왕이라면 죽음을 각오하고 충성하겠노라고 결심케 한 것은 시사하는 바가 크다. 또한 장영실이 천민 출신이었지만 능력을 우선시하는 인재등용으로 훗날 간의대, 해시계, 금속활자, 물시계, 측우기 등을 발명케하여 우리 민족의 위대한 과학기술시대를 열었다. 거기에 당시 유가 학풍인 황희, 도가의 맹사성, 불가의 변계량 등을 폭넓게 등용하여 종교를 초월한 포용적 리더십을 선보이기도 했다.

둘째, 적재적소 인재배치론이다. 그는 자신과 다른 의견을 내세워도 재능있는 부하에게 관대하였고, 왕이라고 해서 일을 일방적으로 추진한 것이 아니라 토론을 통해 결정을 내렸다. 천민 출신 장영실을 등용하는 과정에서도 고리타분한 신분론에 대해 일일이 신하들을 설복시켰고, 훈민정음을 반포할 때도 신하들의 반대 상소를 일일이 다 읽어가면서 논박하였다. 그리고 부국강병을 위해 적재적소에 인재를 투입하고 그들의 능력을 최대한 고양시키기 위해 늘 고민했다. 또한 왕실의 종친이라도 사사로이 특혜를 주는 경우가 없이 인재를 관리하였다. 사람에 대해 편견을 갖지 않았던 세종은 작은 재능이라도 칭찬을 아끼지 않는 등 그 사람의 장점을 취하여 포용하면서도, 엄격한 기준으로 혹독하게 신하를 훈련시킨 강유强柔를 겸비한 임금이었다.

셋째, 꼼꼼하고 섬세한 인재발탁 방식을 꼽고 싶다. 최종적으로 인재를 발탁할 때까지 비밀에 부치고 인재들 간에 경쟁심과 긴장감을 유발시켜 잠재력을 최대한으로 끌어올렸다. 이는 신하들에게 자발적인 열의를 이끌어내는 역할을 했다. 또한 일회적인 목표 제시로 끝내지 않고, 끊임없는 사후 점검을 통해 아랫사람들을 독려하였다. 그는 상급 관청과 하급 관청에서의 점검과 잔소리에 지쳐서라도 일을 이행하게 만드는 임금이었으며, 부하들의 작은 목소리를 듣기 위해 내부 보고자들의 은밀한 비공식 보고에도 귀를 기울일 만큼 꼼꼼하고 섬세한 인재관리를 선도했다.

세종 이후 600여 년이 흐른 지금 대한민국은 21세기 선진 복지국가를 향해 줄달음치고 있다. 1418년부터 1450년까지 32년간 재위했던 조선의 제4대 세종대왕의 리더십은 향후 18대 한국 대통령이 지향해야 할 모델로써 손색이 없다.

고소영 강부자 S라인

2008년 2월 이명박 정부 출범 이후 매체에서 흔히 들려오는 '고소영', '강부자', 'S라인' 등의 신조어는 내각 후보자의 자질과 도덕성을 문제삼는 것이어서 세간의 화제가 되었다.

이명박 대통령의 인맥으로 **고려대 소망교회, 영남권** 출신이 내각의 대부분 자리를 차지한것과 그들이 대부분 **강남**의 **부동산 자산**가라는 지적이다. 여기에 또 이명박 대통령의 서울시장 재직시절 관료출신들이 주요 인사로 발탁된 것도 'S라인'으로 꼬집고 있는 것이다. 이명박 정부 측근비리, 회전문 인사 등 구정권을 답습한 행태는 여전히 계속되고 있다.

진정한 선진 복지국가를 향하여

대한민국은 2018년 동계올림픽 유치성공, 한류열풍에 의한 문화영토 확장, 21세기 선진 복지국가 진입 등 화려한 이면에 사상 최대의 소득 양극화, 악화일로의 중소기업 대기업 동반성장, 고유가에 따른 민생경제 피폐, 저출산 · 고령화 심화, 세계 최고 수준의 이혼 · 자살률 등으로 신음하고 있다. 이런 여건 속에서 과연 지역, 종교, 계층 등으로 편중된 인사들이 한국의 난문제를 해결할 적임자인지 지금 세종대왕은 대한민국에 묻고 있다.

2011년 8월

시대정신으로 본 진보와 보수

"한미 쇠고기파동 촛불집회는 친북좌파의 준동이었다, 노무현은 친북 종북주의자다, 노무현의 한미 FTA 추진은 자신의 친북 이미지를 희석시키기 위한 위장전술이다."

근년 나는 한 모임에서 위와 같이 꽤 자극적인 말을 들은 적이 있다. 생각하니 이명박 정부들어 이른바 보수우파의 대반격이었던 것이다. 과거 10년 동안 소위 '좌파'집권에 밀린 우파들이 당시 노무현 전 대통령의 박연차 뇌물수수 사건에 연일 목소리를 높이고 있기도 했다. 사실 좌파라면 대한민국엔 모 정당 정도일진대, 나는 노무현정부를 좌파로 보는 시각엔 동의하지 않는다. 엄밀히 말해 '중도진보' 정도가 적당하다.

특히 좌파란 말이 못마땅한 건 아직까지도 대한민국 사회에 '좌파=빨갱이'라는 정서가 많이 남아있기에 스스로도 그 용어 사용엔 좀 신중해야겠다는 생각이다. 그런데 그 '좌파'라고 부르는 사람들에게 재미있는 현상이 있다. 자신들을 결코 '우파'로 부르지 않는다. 그리고는 자신을 '보수'라 부른다. 그러니 정말 일이 재미있게 된다. '좌파와 우파' 그리고 '진보와 보수'가 상대적 의미라는 것은 기본 상식 중의 상식일텐데, 이렇게 되니 '좌파와 보수'라는 어색한 조합이 만들어진다.

그 '좌파'를 소리 높여 외치는 사람들은 내가 염려하는 '극우'라는 생각이다. 대한민국 사회의 '극우'는 동족상잔의 '한국전쟁'이 낳은 비극적 산물이다. 하지만 21세기 선진 대한민국으로 가는 길목에 극우가 극좌만큼 염려스러운 이유가 있다. 분단조국의 마지막 소모적 적대정책은 바로 극좌 극우의 이념싸움에서 나오는 것이며, 이것이 결국 남북 공동 이익과 궁극의 세계 평화를 막기 때문이다.

나는 지난 2000년 일본 오사카의 한 축제에서 해방 이후 처음으로, 민단과 조총련이 함께 손을 잡고 퍼레이드를 펼친 가슴 벅찬 장면을 잊질 못한다. 행렬 맨 앞에는 그해 6·15 남북정상회담 시 손을 맞잡은 김대중 김정일의 대형사진이 걸렸었다. 남북한 정상의 실질적 대화가 이토록 큰 영향을 미칠 줄은 몰랐던 것이다.

진정 묻고 싶다. 대한민국 사회에 진정한 보수우파가 있을까? 합리적이면서 청렴한 스승과 같은 그런 보수우파 말이다. 하지만 불행하게도 대한민국 사회에선 그간 부패한 기득권자들의 가짜 보수우파가 너무도 많았다. 때문에 이런 사회 분위기 속에서, 극좌파가 득세할 토양을 제공한 것은 아닌지 자문해 보아야 한다. 극우가 극좌를 부르는 상대적 관계를 이해해야 한다.

소위 좌파에게도 묻고 싶다. 과거 암울했던 80년대, 사회과학이란 이름으로 학습되었던 '막스 레닌주의' 그리고 '김일성 주체사상'의 망령이, 현대에 친북사이트 등을 통해 살아있는지를 말이다. 당시 군사독재에 대한 반발성 이념편향을 아직도 유지하면서 대한민국 합리적 보수세력을 자극하고 있지 않는지 진정 반성해야 한다. 정녕 극좌가 극우를 양산하는 형국이 아닌지 돌아봐야 한다.

이젠 시대가 바뀌었다. 절대적 장벽이라는 미국사회의 흑백문제도 흑인 오마바 대통령의 등장으로 종지부를 찍고 있다. 그렇다면 대한민국 사회에도 좌우의 이 촌스럽고 부끄러운 논쟁에 종지부를 찍어야 하지 않겠는가.

적어도 지금쯤이면 대한민국 사회에 극좌와 극우를 배제한 중도세력이 주류로 나서야 한다. '보수우파'도 경제적 분배와 평등교육을 염두에 두고 '진보좌파'도 경제성장과 경쟁교육에 관심을 기울여야 한다.

더 이상 과거 '잃어버린 10년'을 논할 것이 아니라, 향후 다가올 아름다운 10년, 아니 100년을 모두가 준비할 때다.

2009년 4월

이젠 타협의 정치문화를 구축할 때

'오전 7시 1.7%, 오전 9시 6.6%, 낮 12시 13.4%, 오후 2시 17.1%, 오후 4시 19.6%…'

단계적 무상급식 찬반을 묻는 지난 8월 24일, 인터넷 등으로 실시간 중계된 서울시 주민투표 실황은 찬반 여부보다 개표 요건인 33.3%를 넘기느냐에 여야 정치권을 포함한 국민의 관심 속에 진행되었다.

하지만 최종 투표율은 25.7%에 머물렀다. 민심은 매정하게도 오세훈 서울시장을 외면했고, 결과적으로 전면적 무상급식을 택했다. 투표함 개봉 기준인 투표율 33.3%를 넘기지 못하고 무산된 것이다.

당초 민주당은 최저 투표율 16~17% 정도를 예상했지만, 이날 기록한 25.7%는 오세훈 시장의 투표 결과에 따른 시장직 사퇴 기자회견 등으로 강남 등 보수층이 급격히 결집한 가운데 '선전했다'는 일부 평을 듣기도 했다.

금번 무상급식에 관한 투표 결과는 갈수록 골이 깊어지는 양극화 한국 사회에서 '무상복지'를 '망국적 포퓰리즘'으로 비판해 왔던 현 정부에 대한 민심의 반발로 보여진다. 그리고 '디자인서울', '한강르네상스' 등 서민의 피부에 와닿는 정책을 외면한 현 오세훈 서울시장에 대한 반감으로도 풀이되고 있다.

이로써 투표부결에 따른 정국 주도권은 급격히 '복지'를 기조로 한 야당 중심으로 옮겨가고 있다. 여기에 당초 약속대로 오세훈 시장이 사퇴하면서 정국은 요동치고 있다.

금번 투표는 결과적으로 소통 없는 한국 정치의 단면을 적나라하게 보여주고 있다. 한나라당이 지원했던 오세훈 시장의 소득하위 50%의 학생을 대상으로 2014년까지 단계적 무상급식 실시안이나, 민주당의 주장인 소득 구분 없이 모든 학생을 대상으로 초등학교 2011년부터, 중학교 2012년부터 전면 무상급식 실시안은 사실상 얼마든지 재정여건에 따라 시기 범위를 놓고 타협이 가능한 것이었다. 더욱이 오세훈 시장이 180억의 혈세를 들여 투표를 하고, 시장직 사퇴를 조건으로 걸 만한 사안은 아니었다고 본다.

모두가 패배자다

주민투표 개표 조건 33.3%는 역대 투표율, 민주당의 투표 거부 등 여러 정황상 애초에 불가능한 수치였다. 하지만 막가파식 사생결단의 투표율 경쟁에 돌입했었다. 단순히 '민주당 승리, 한나라당 참패'로 평가할 사항은 아니다. 타협을 모르는 현 정치권의 오기가 결국 180억의 혈세낭비와 보수 진보의 골깊은 국론분열로 이어진 참혹한 현실일 뿐이다.

최근 서부 이촌동 노인정 봉사활동 현장에서 40년간 자원봉사를 해오신 한씨 할머니를 만났다. 할머니께서는 나에게 한사코 "제발 정치인들 싸움 좀 안했으면 좋겠다."고 하소연하는 것이었다. 정치가 국민의 필요를 충족시키지 못하고, 오히려 국민의 걱정거리가 되고 있었던 것이다.

이제라도 한국 정치는 이성적 기준으로 돌아와 분열된 상처를 씻고 타협의 정치문화를 만들어야 한다. 밤을 새워서라도 말이다. 지금 국민들이 지켜보고 있다.

2011년 8월

무소속 출신 박원순 시장은
'또 다른 변화'의 시대정신

돈도 조직도 없는 무소속 박원순 시민후보가 야당과의 단일화 경선을 통과하더니, 여당 후보의 네거티브 캠페인을 통과하며 마침내 서울시장에 당선됐다. 한나라당 아니면 민주당만이 정치권력을 맛보는 현 정치세계에서, 시민이 돈과 조직을 만들어주면서 무소속이라는 불리함을 딛고 결국 커다란 정치권력을 탄생시켰다.

이로써 정권획득이 목적인 정당은 그 존립근거가 희미해져 '정치학개론'을 다시 써야 할 처지에 놓이게 됐다. 이젠 시민이 정치권력을 획득하는 일이 일어났으니 말이다. 바야흐로 한국 정당정치의 위기시대다.

'대한민국 소통령'으로 불리우는 서울시장 선거에 무소속 시장의 탄생은 여러모로 현 정치권에 거대한 지각변동의 조짐으로 나타나고 있다. 먼저 한나라당은 패닉 상태에 빠졌다. '선거의 여왕' 박근혜 전 대표가 현 정

부 들어 처음으로 선거전에 적극 나섰는데도 서울표심의 변화를 못 끌어
내고 참패했기 때문에 충격은 배가 됐다. 한나라당 소장파 의원인 원희룡
최고위원은 지난 27일 "정부여당의 국정 운영에 대한 젊은 층과 40대까지
포함한 민심의 표출이었다. 선거 과정에서 무분별한 네거티브 공세나 시
대착오적인 색깔론이 젊은 세대들에게 구정치의 전형으로 비춰졌다."며
"심각한 자기 희생과 자기 변화를 전제로 고민을 더 해야 한다."고 말하기
에 이르렀다.

민주당 또한 결코 승리를 자축할 수 만은 없었다. 범야권의 맏형으로
서 박원순 시장을 탄생시켰다지만, 이미 정국의 방향타는 민주당이 아닌,
돌풍의 주역 '안철수 교수'로 넘어가고 있었다. 시장선거 직후 각종 여론
조사에서는 창당선언조차도 하지 않는 '안철수 신당' 지지율이 40%에 육
박하는 등 그간의 '박근혜 대세론'을 철저히 무너뜨리고 있었다. 내년 대
권의 전초전이라고 하는 서울시장 선거를 통해 입증된 그의 행보가 향후
어떻게 진행될 것인지에도 민주당은 그 영향력을 무시할 수 없게 되었다.

금번 선거결과는 젊은이들의 반란이었다. 방송3사가 투표 마감 직후
발표한 출구조사에 의하면 20대는 박 후보 69.3% · 나 후보 30.1%, 30대는
박 후보 75.8% · 나 후보 23.8%, 40대는 박 후보 66.8% · 나 후보 32.9%의 지
지율을 보이는 등 젊은 층의 몰표가 쏟아졌다. 무엇보다도 이들은 정당,
색깔, 지역, 학연 등에 그다지 영향을 받지 않는 세대로서 최근 대한민국
정치변화의 주역으로 급부상하였다.

이 땅의 젊은이들이 결코 이념을 보고 박원순 후보를 찍은 건 아니었

다. 실제 오늘의 20대의 삶은 고달프다. 물가인상 대비 턱없이 오른 살인적 등록금, 거기에 어렵게 졸업한 그들을 기다리고 있는 건 비정규직 88만원세대 아니면 100만 청년실업의 암울한 앞날이었다. 3,40대는 어떤가. 결혼 출산 전셋값 보육 사교육 등 어디를 둘러봐도 불안한 사회현실에 처해 있다. 비정규직 600만 명 중 20~40대가 61%나 되는 지난 10월 28일자 통계청 발표는 이를 증명하고도 남는다.

이와 같은 20~40대의 어려운 현실 앞에 실제로 정부여당은 마땅한 대안 하나 내놓지 못하고 있었다. 그들이 지난 17대 대선에서 어려운 경제난을 극복하고자 잠시 이명박 대통령을 당선시켰지만, 실제 이명박 정부의 실정에 실망을 더한 가운데 무소속 박원순을 선택하면서 매정하게 등을 돌린 것이다. 과거의 지역투표에서 계층별 투표로 변화하고 있는 것이다.

박원순 서울시장의 탄생으로 이명박 대통령의 레임덕(임기말 권력누수)이 가속화되고, 국정 장악력은 크게 흔들릴 것으로 보인다. 그리고 정부여당의 쇄신을 둘러싸고 일대 계파별 내홍이 더할 것으로 점쳐진다.

바야흐로 지금 국민들은 우리의 정치권에 '또다른 변화'를 요구하고 있다. 과거 80년대 절차적 민주화를 향한 '변화'가 첫 번째였다면, 이젠 시민의 생활과 직결된 '또 다른 변화'를 국민들은 외치고 있는 것이다. 그런 의미에서 금번 선거는 진정 정치란 무엇이며, 국민의 뜻을 담는 '정당'의 역할이 무엇인지 자성케 하는 충격적 계기를 부여해주고 있다.

시민이 주인된 '또 다른 변화'가 시대정신이 되고 있다.

2011년 10월

나라 살림 책임질 정치인은 없나?

지난 5월 19일 국토해양부는 한국토지주택공사LH가 138개 신규 사업장 가운데 서산석림2지구와 오산세교3지구 등 11곳의 지구지정을 해제 또는 취소했고, 파주금릉 등 8곳은 제안철회, 안성아양 1곳은 규모를 축소해 행정절차를 완료했다고 밝혔다. 발표 전날엔 충북 제천지역종합개발지구의 지구지정 해제를 요청한 상태였다. 같은 날 아울러 서울 여의도의 실질 면적(848만㎡)을 웃도는 새만금관광단지(990만㎡) 개발사업자 공모도 신청자가 없어 무산되기도 했다.

이미 전국적으로 1,550여 개의 개발지구가 지정되어 있으며, 특히 이들 중 규모가 큰 15개 사업은 사업비만 580조 원에 달하고 총 138개 신규 사업지를 대상으로 구조조정을 추진 중인 LH는 상반기 중 80개를 추가로 정리할 예정인데 이는 여러가지 이유가 있겠지만, 재원 조달의 현실적 어려움 때문인 것으로 보인다.

2007년 대선 당시, 동남권 신공항 건설, 과학 비즈니스벨트 조성 등 공약 사업도 자금뿐 아니라 각 지역에서 벌어지고 있는 치열한 유치전 등의 문제로 난항을 겪고 있다.

또한 참여정부 시절 추진된 '혁신도시' 계획에 맞춰 진주와 전주로 각각 이전되기로 했던 주택공사와 토지공사가 LH공사로 통합된 후 정부가 지난 5월 16일 발표한 진주 일괄 이전은 전주지역의 상대적 지역갈등을 유발하면서 헌법소원과 행정소송으로 이어지고 있다. 이들은 이명박 정부 들어 공기업 선진화라는 미명 아래 주공과 토공을 통합한 후 정치적 논리로 LH를 경남으로 일괄 이전했다며 비난하고 나섰다.

이같은 결과는 선거때마다 즉흥적으로 발표된 선심용 공약남발에서 온 것이기도 하다. 내년은 20년 만에 총선과 대선이 함께 치러지는 해인데 또다시 노무현 대통령의 수도이전과 혁신도시건설, 이명박 대통령의 동남권 신공항과 과학벨트건설 같은 '개발 공약폭탄'이 떨어질 가능성이 크다는 지적이다. 내년 총·대선에서 선거전이 치열해질수록 지역표를 노린 선심성 공약은 더욱 판을 칠 것이 뻔하다. 특히 지방일수록 수도권과의 불균형으로 인한 정서적인 패배감이 팽배한 상황에서 정치인들이 표를 얻으려고 지역에 뭔가 해주겠다고 선심성 공약을 내놓기 십상이다.

사실 정치인들의 선심성 공약이 자신의 호주머니에서 나오는 재원이라면 문제되지 않는다. 하지만 국민의 혈세를 동원하여 무언가를 해주겠다면 명백한 검증의 과정이 필요할 것이다. 때문에 국가·광역·기초 단위로 공적인 갈등조정기구를 만들어 지역 간 이해관계를 체계적으로 조정해야 한다는 여론이 비등하고 있다.

내년 총·대선에는 이러한 선심성 공약에 대한 전문가, 유권자들의 명확한 판단이 꼭 필요하다. '국책사업=공짜'라는 잘못된 생각에 우리 모두가 공멸하는 일이 없어야 한다.

우리나라 국가채무는 97년 외환 위기를 거치면서 2000년 111조 2천억 원으로 100조 원을 돌파했으며, 2004년에 203조 7천억 원, 2005년 247조 9천억 원, 2006년 282조 7천억 원, 2007년 299조 2천억 원, 2008년 309조 원, 그리고 2010년 392조 원으로 큰 폭으로 증가해 왔다.

국회예산정책처가 지난 4월 22일 발간한 '2011년 수정 경제전망 및 재정 분석'현황자료에 따르면 올해 국가채무는 429조로 예상되며 오는 2014년에 500조 원대를 돌파할 것으로 전망됐다.

하지만 위 국가부채는 어디까지나 공기업 부채 등을 제외한 대한민국 전체부채의 일부에 불과한 수준이라는 데에 문제의 심각성이 있다. 상황이 이렇다보니 세간의 "대한민국은 이미 1천조 이상의 부채를 지고 있다."는 주장에 상당한 무게감이 실리고 있다. 실제 2009년도 국정감사에서는 국가의 실질적인 부채규모가 1439조(한나라당), 1390조(민주당)라는 주장이 있기도 했다.

따라서 2012년 대선, 총선에 지역 유권자의 심리를 자극하는 장밋빛 공약보다는 건강한 대한민국 미래를 위한 나라 빚 갚기에 골몰하는 정치공약이 우선되어야 한다는 생각이 든다. 나라빚을 염려하는 진정한 주인을 뽑아야 한다는 것이다.

2011년 5월

탈이념 탈지역 염원,
민주당 손학규 대표 선출

곳곳에서 2012년 재집권을 위한 열기가 감지된다. 지난 10월 3일 인천문학경기장에서 개최된 제2차 민주당 정기 전국대의원대회에서는 손학규 후보를 대표로 선출했다. 손 후보는 지도부 경선에서 1만1천904표(득표율 21.37%)를 획득, 정동영 후보(1만776표. 19.35%)를 1천128표차로 제치고 대표 최고위원에 당선됐다. 현장에서는 '2012 민주정부를 준비합니다'라는 문구가 눈에 들어왔다. 여기에 '새롭게 뜨겁게 치열하게'라는 민주당 정체성 극복과 변화를 강조한 캐치프레이즈가 대회장 한복판에 자리잡고 있었다.

손학규 대표는 그의 마지막 연설 중 "민주당이 진정한 전국 정당이 되기 위해선, 자신처럼 지역색이 없고 중도층까지 아우를 수 있는 인물이 당의 간판이 되어야 한다."고 강조하면서 2012년 재집권을 향한 대의원들의 표심을 파고들었다. 이에 비호남 지역의 적극적인 지지에 힘입어 금번 대표에 당선된 것으로 알려지고 있다.

손 대표는 대표직 수락 연설에서 "온몸을 바쳐 민주진보 세력의 승리의 역사를 써나가겠다."고 밝히고, "이명박 정권의 폭정에 맞서 민주당이 2012년에 반드시 집권해야 한다."고 말해 이명박 정부에 선전포고를 하기도 했다. 금번 민주당 내 손학규 후보의 대표 당선은 크게 3가지 의미로 요약된다.

첫째, 민주당 노선이 중도를 아우르는 넓은 층으로 나아갔다. 그간 진보 일색이었던 민주당이 계층적으로는 중산층, 이념적으로는 중도까지 아우르는 방향으로 나아간 것은 당원과 국민들의 염원이었다.

둘째, '민주당=호남'이라는 지역당 이미지를 벗게 되었다. 손학규 후보의 출신 지역이 전국 표심의 바로미터인 서울 금천구 시흥동(당시 경기도 시흥군)인 점이 호남을 중심으로 한 강고한 조직의 정동영, 정세균 후보와 차별화됐다는 평가다. 이는 2012년 대권가도에 '수도권 대통령'론으로도 작용될 수 있을 것이다.

셋째, 고개 드는 세대교체론이다. 당초 손학규 정동영 정세균의 이른바 빅3에 이어 80년대 운동권 출신인 이인영 후보가 예상을 뒤엎고 4위에 오른 것은 젊은 층의 미래권력에 대한 세대교체론으로 분석되고 있다. 중도진보를 주장하는 손학규 당선자와 486으로 대변되는 당내 진보세력 간 노선갈등의 우려도 예상되고 있다.

결론적으로 금번 민주당 손학규 후보의 대표선출 의미는 민주당의 숙명과제인 탈이념과 탈지역을 통해, 2012년 재집권해야 한다는 열망이 반영된 것으로 보인다.

2010년10월

결국 부패공화국으로 가는가

"10년 가까운 세월 동안 SLS의 문제를 풀어주겠다는 등의 명목으로 현금·법인카드·차량 등의 편의를 제공받았다. 명절 때는 물론 매달 외상값 받아가듯이 돈을 챙겨갔다. 2007년 한나라당 대선 경선과정에서 (이명박 대통령의 선거캠프인) 안국포럼에 급전이 필요하다는 이유로 가져간 돈만 10억 원에 이른다."

– SLS그룹 이국철 회장의 기자회견 중 이명박 대통령의 측근
신재민 전 문화체육관광부 차관에 대해

은진수 윤만석 김해수 김두우 신재민…, 어림잡아도 5연타석 홈런이다. 가뜩이나 불안한 민심 속에 이제 임기 1년 반을 남긴 이명박 정부의 측근 비리가 계속되고 있다. 그들은 한결같이 이 대통령의 신임이 두터운 핵심 측근들이었다.

지난 22일, 신재민 전 문화체육관광부 차관이 이국철 SLS그룹 회장에게서 십수억 원의 금품을 제공받았다는 의혹이 불거졌다. 이미 김두우 전 청와대 홍보수석도 부산저축은행 비리의혹으로 검찰에 소환돼 사법처리

를 앞두고 있는 때에 '신재민 비리'는 앞으로 또 누가 걸려들까 하는 자조 섞인 탄식이 나오게 했다.

사실 이명박 정부의 측근 비리는 올해 6월부터 터지기 시작했다. 지난 6월 대선 캠프에서 일했던 은진수 전 감사원 감사위원이 부산저축은행과 관련해 7,000만 원을 받은 혐의로 기소됐고, 7월엔 이 대통령의 국회의원 시절 보좌관으로 일했던 윤만석 씨가 저축은행 브로커에게 1억 원을 받은 혐의로 광주지검에 구속됐다. 8월엔 대선 캠프에 몸담았고 청와대 정무1 비서관을 지냈던 김해수 전 한국건설관리공사 사장도 기소됐다.

문제는 지금 이 부패의 끝이 보이지 않는다는 것이다. 부패한 정권은 반드시 망한다는 말처럼 권력형 부패는 현 정부를 불신하게 하고, 레임덕 을 가속화시킨다.

그리고 이 부패의 뿌리는 정치계를 넘어 사회 깊숙이 광범위하게 퍼져 있다. 최근 3년간 서울시교육청 소속 부패공무원이 5배 가량 늘어나 무려 220여명에 이르는 것으로 밝혀졌다. 최근 국회 교육과학기술위원회 소속 자유선진당 이상민 의원이 교육과학기술부로부터 제출받은 전국 16개 시 도교육청 부패공직자 현황 자료를 분석한 결과, 교육청 소속 부패 공무원 은 2008년 24명, 2009년 12명, 2010년 119명으로 3년간 5배나 늘어났다고 한다.

부패(putrefaction, 腐敗)란 사전에서 단백질이 미생물에 의해 분해되어 변 패되는 것이라고 정의한다. 건강한 살점이 썩어간다는 것이다. 부패는 사 회정의의 근간을 무너뜨리는 중대한 범죄에 해당된다. 특히 권력의 힘을 이용하여 이득을 취하는 정치자금 수수와 금품, 향응 수수 등으로 이어지는 권력형 비리는 부패의 정점으로 일컬어지기에 문제의 심각성이 있다.

혹 고위공직자의 도덕성이나 공적 헌신성보다는 일만 잘하면 된다는 이 대통령 특유의 인사철학이 정권의 도덕성까지 붕괴시키고 있는 작금의 사태를 불러일으킨 것은 아닌지, 세간의 따끔한 비판을 가슴에 새겨야 한다. 지금도 계속되고 있는 '안철수 돌풍'도 이와 무관치 않을 것이다.

지난 6월 부패방지법이 제정 공포된 지 10년이 지났지만 대한민국은 여전히 부패공화국이라는 오명을 벗지 못하고 있다. 국제투명성기구Transparency International가 발표하는 부패인식지수CPI에서 대한민국은 2001년 세계 42위에서 2010년 39위로 큰 변화가 없는 실정이다.

부패방지위원회가 실시한 부패 의식조사에서 국민의 약 80%가 한국의 공직사회가 부패했다고 응답했다. 시민단체 반부패국민연대가 공공기관, 기업, 시민단체 등 3개 영역에서 실시한 반부패 투명성 조사에서도 응답자의 87.9%가 한국사회를 부패한 사회로 인식하고 있는 것으로 나타났다.

부정부패로 만연한 사회는 대한민국이 정의사회로 가는 제1의 걸림돌이다. 소득 상위 20%가 80%의 재화를 독점하는 2대 8의 양극화가 굳어지고 있는 작금에 권력형 비리에 의한 부패공화국이 더 빠르게 다가오고 있어 심히 걱정이다.

2011년 9월

안철수 신드롬의 네 가지 코드

"미 유학 당시 A학점을 줄 수밖에 없는 똑똑한 학생들을 10년 후에 보
니 대부분 감옥에 가 있었다. 돈벌이 수단으로 백신 사업을 하면 오히려
사회에 해악을 끼치니 사명감이 높아야 한다. 때문에 상류층의 노력이 중
요한데 현실은 그렇지 못하다. 사회에 똑똑한 사람들은 우리 사회에 얼마
나 도움이 되는지에 대한 회의감도 갖게 됐다."

– 위키백과사전 검색어 '안철수'에서 일부 발췌

안철수는 벤처사업가 대학교수, 1962년 2월 26일 부산 출생, 서울대학교
의학박사로 14년간의 의사 생활, 의대 재학 중 컴퓨터에 관심을 갖고 1988
년 우연히 컴퓨터 바이러스를 발견하여 대한민국 최초로 백신 프로그램
V1, V2와 V3를 만들어 무료로 제작·배포하다가 안철수연구소 설립, 2001
년 전현직 CEO 중 한국에 필요한 CEO 1위(매일경제신문), 2009년 취업 준
비생이 가장 존경하는 CEO 1위(잡코리아), 2010년 세종문화상(사회봉사부문)
수상, 현재 서울대학교 융합과학기술대학원 원장이다.

그는 10·26 서울시장 보궐선거를 앞두고 '안철수 돌풍'이라는 신드롬을 만들었다. 아직 공식 출마 선언을 하지도 않았는데 분위기가 심상치 않다. 여론조사에서 나경원 한나라당 최고위원, 한명숙 전 총리 등 여야 유력후보와의 3자 가상대결에서도 무려 50%를 넘는 지지율로, 압도적 1위로 독주하고 있다. 심지어 박근혜 대세론을 무너뜨리며 2012년 대선의 강력한 후보로 물망에 오르고 있다.

안철수 신드롬을 분석하면 첫째, 기존정치와 일정한 거리를 둔 '탈정치'코드다. 지난 8·24 서울시 무상급식 주민투표에 이은 한나라당 오세훈 시장의 사퇴, 이어 곽노현 서울시교육감의 돈거래 의혹 등 지금 대한민국엔 기성 정치권에 대한 국민적 실망이 증폭되고 있다. 이에 여야의 고정층을 제외한 중도층의 자연스럽고 때묻지 않은 외부인사에 관심을 갖게 됐으며, 여기에 '안철수'라는 인물이 부각되고 있는 것이다.

둘째, 갈 곳 없이 방황하는 대한민국 젊은이들의 마음을 사로잡은 '청춘'코드다. 88만 원 세대, 100만 청년백수, 반값 등록금 등 온갖 악재 속에 젊은이들은 대한민국 정치 그 어디에도 마음 둘 곳이 없다. 그들은 한때 진보 정부에도 그리고 이명박 정부에도 기댄 적이 있었다. 하지만 돌아온 결과는 아무것도 없는 허탈한 현주소를 발견했을 뿐이다. 이젠 거기서 그치지 않고 결혼, 주택, 자녀 보육·교육 문제 등으로 고통받는 3,40대들이 새로운 정치세력을 꿈꾸고 있다. 이른바 '청춘'코드가 안철수를 잡고 있다.

셋째, 갈수록 심화되는 대한민국 양극화 사회에서 기업의 사회적 책임을 강조한 '자본주의 4.0'코드다. 사실 진보 세력이 분배를 외칠수록 그리고 현 정부가 친기업을 외칠수록 양극화는 심화되는 현실을 맞고 있다. 상위 20%가 재화 80%를 소유한 이른바 2:8사회로 굳어져가고 있다. 그는 일찍기 컴퓨터 바이러스로 고통받는 국민들을 위해 백신을 개발하였고, 이를 통해 엄청난 부를 축적할 수 있었음에도 무료로 개인에게 보급한 신지식경영인이었다. 그 옛날 헐벗은 백성들을 위해 중국 원나라에서 목화 씨를 들여왔던 문익점에 비유될 만큼, 그는 오늘의 '자본주의 4.0'의 화두인 기업의 사회적 책임에 충실해 왔다.

마지막으로 넷째, 안철수의 '디지털' 코드가 그의 신드롬을 만들고 있다. 그는 무엇보다도 우리나라 컴퓨터 바이러스 백신을 연구한 IT계의 선두주자다. 금권 이권 조직동원 권모술수로 대별되는 현 아날로그 기성정치권과는 다르게 안철수는 무엇보다도 변화와 정보철학을 겸비한 차별적 리더십을 선보이고 있다.

현재 탈정치와 지방선거 정당공천 폐지를 바라는 국민들의 염원을 보면, 향후 탈정치적 인물을 선호할 가능성이 높아 보인다. 하지만 안철수 신드롬은 앞으로 넘어야 할 산이 너무도 많다. 무엇보다도 전문 정치인들의 조직선거가 위력을 발휘하는 투표현실 앞에서는 그의 신드롬도 사그러질 가능성도 부인하기 힘들다.

2011년 하반기를 뜨겁게 달군 안철수 신드롬은 기성 정치권에 예기치 못한 신선한 자극을 주고 있음은 분명하다. 그리고 그 결과가 내년 총선과 대선에서 어떤 모습으로 나타날지 국민들도 흥미롭게 지켜보고 있다.

2011년 9월

지난 6 · 2 지방선거를 살펴보니

지난 6 · 2지방선거는 인물 · 정책 선거가 실종된 '감정적 민주주의의 산물'이었다. 2006년도 참여정부시절 실시된 5 · 31지방선거는 서울 기초단체장 25개 전구역을 휩쓸만큼 한나라당 일색이었다. 그리고 MB정권으로 바뀐 지난 2010년 6 · 2지방선거는 21개 서울 기초단체장이 다시 민주당으로 바뀔 만큼, 그간 MB정부 실정을 비판하는 국민적 저항의 결과로 나타났다.

따라서 이명박 정부와 야권지방 공동정부 간, 그리고 한나라당 지방단체장과 다수를 점한 민주당 의원들 간 팽팽한 기싸움과 견제를 넘은 정쟁이 4년 내내 이어질 것이라는 어두운 전망이 여기저기 터져나오고 있다.

이미 한나라당 오세훈 서울시장은 시의회 사무처장 내정문제를 놓고 서울시의회를 다수 점하고 있는 민주당 시의원들과 갈등을 빚기 시작했다.

2010세계지도자 초청강연회에서 '글로벌 지방자치와 한국의 생활정치'라는 주제로 호세 데 베네치아 전 필리핀 국회의장(좌)과 대화하는 김만호 박사(우) (2010. 2.20)

그리고 야권 지방광역단체장들은 공동으로 4대강 사업폐기에 압력을 가하기 시작했다. 민주당이 장악한 서울시·경기도의회에서는 의회 내 '4대강 사업 검증특위'를 설치키로 했다고 한다. 그러면서 민주당은 지난 2일 4대강 사업과의 전쟁을 선포했다. 정세균 대표는 이날 국회에서 기자회견을 열고 "정부는 추가 공사를 즉각 중단하고 원점에서 재검토하라."고 촉구했다. "6·2지방선거에서 이미 국민적 요구가 확인됐으며 사업의 타당성도 아직 검증되지 않았다."는 것이다. 이른바 중앙과 지방 동시 압박작전이 시작된 것이다.

나는 이런 현실을 심히 우려하지 않을 수 없다.

과연 중앙정부와의 갈등이 풀뿌리 지방자치의 본질인지 의심스럽기 때문이다. '4대강'이나 '세종시'라는 중앙정부의 국책사업을 지방정부까지 거들어 갈등의 중심에 서야 하는지 의문이 든다는 것이다. 실제 지난 6·2 지방선거 중 민주당은 이명박 정부를 견제하고 4대강, 세종시 수정안을 막아야 한다고 주장했고, 한나라당은 반대로 이를 지원하고 이끌어야 한다고 국민에게 호소했다. 그결과 특정지역을 제외하고는 이슈가 되지 않음에도 견제심리를 자극시켜 전 지역에서 민주당 돌풍이 이어졌던 것이다.

대한민국은 지난 10년간 김대중, 노무현 민주정부를 거치면서 한층 성숙해진 민주시대를 맞고 있다. 그 당시 민주당은 야당인 한나라당의 국정 발목잡기를 톡톡히 경험한 바 있다. 그런데 언제인지 모르게 민주당도 국정발목잡기를 시작하고 있다는 사회 일각의 비판이 쏟아지고 있다.

권불십년이라는 말처럼 권력도 변하고 변한다. 국민들에게서 '그놈이 그놈'이라는 비야냥이 나오지 말아야 한다. 과거 10년의 민주당 정권을 뒤로하고 한나라당 정권을 선택한 국민의 선택이 무능정권보다는 차라리 부패한 정권이 낫다는 국민적 바람이었음을 잊지 말아야 한다.

6·2지방선거 승리를 이끈 민주당은 자만하지 말아야 한다. 선거 승리에 도취해 패권적인 모습을 보여선 안 되며, 더더욱 주민을 섬기는 자세로 의정을 이끌어야 한다. 지금의 득세는 결코 민주당이 잘해서가 아니라는 것이다.

이제 대한민국 지방정치가 중앙정치의 대리전을 넘어 본연의 풀뿌리 생활정치의 산실이 되기를 고대해 본다.

2010년 7월

지방선거 정당공천을 반대한다

"여기에 여야 공천을 받은 사람도 있을 텐데 일을 해보니까 공천이 뭐가 필요한가 생각하는 사람이 많을 것이다. 나도 서울시장 시절 기초의회나 이쪽은 굳이 정당이 개입할 필요가 있겠느냐는 얘기를 많이 했다. 가장 큰 목표는 주민에게 가장 효율적으로 봉사하느냐일 것이다. 그런 점에서 정부나 의회에서 깊이 성찰할 필요가 있다."

－전국 기초 시·군·구의장 청와대 오찬 간담회 중 이명박 대통령의 말(2011.6.28)

전국시군자치구의회의장협의회 회장단이 최근 국회에서 가진 '지방의회 재출범 20주년 기념식 및 지방자치 발전 촉구 결의대회'에서 기초의원에 대한 정당공천이 폐지돼야 한다고 결의하는 등 목소리를 높이고 있다.

특히 이명박 대통령이 정당공천의 불필요성을 언급하고 나서 이 논란은 더더욱 크게 불거지고 있다. 이 대통령은 전국 기초단체 시·군·구의회 의장을 청와대로 초청한 오찬 간담회에서 "여기에 여야 공천을 받은 사람도 있을 텐데 일을 해보니까 공천이 뭐가 필요한가 생각하는 사람이 많을 것이다. 나도 서울시장 시절 기초의회나 이쪽은 굳이 정당이 개입할 필요가 있겠느냐는 얘기를 많이 했다. 가장 큰 목표는 주민에게 가장 효율적으로 봉사하느냐일 것이다. 그런 점에서 정부나 의회에서 깊이 성찰할 필요가 있다."고 말해 기초의원 정당공천이 필요하지 않다고 했다.

기초의원 정당공천제는 지난 2005년 8월 공직선거법 개정으로 도입됐으나 지자체와 지방의회의 자율성을 해칠 수 있다는 이유로 그간 폐지론이 제기돼 왔다. 하지만 현실적으로 지방의원의 정당공천은 중앙정치권에 있어서 포기할 수 없는 달콤한 유혹이었다. 자파 지방 국회 의원의 확보야말로 강고한 조직의 첨병이 되며, 이를 통해 차기 정권 확보의 지름길이 되기 때문이다.

이 제도는 기성 정당에 있어 자파 내 후보 발탁을 위해 인물을 검증해 볼 수 있는 긍정적 역할을 한다. 사실상 '열 길 물속은 알아도 한 길 사람 속은 모른다'는 격언처럼 선거 때마다 난립하는 후보들을 유권자들이 일일이 검증할 여력이나 방법도 극히 제한적이다. 하지만 색깔이 다른 정파가 지역인사를 내세워 대립했을 때는 오랜 기간 함께 동고동락했던 지역 공동체가 파괴되는 부작용을 연출한다. 또한 특정 색깔이 독주하는 지역의 경우 공천을 중심한 왜곡된 권력 카르텔이 형성되기도 한다. 공천헌금과 공천비리가 끊이지 않는 현실이 이에 해당한다. 실례로 지난 2006년 5·31지방선거에서 당선된 230명의 기초자치단체장 가운데서 34명이 뇌물수수나 공직선거법 위반으로 중도 사퇴했으며, 재·보궐 선거로 들어가는 비용이 무려 484억 원에 달해 문제의 심각성을 직간접적으로 반영하고 있다.

기초 지방선거 정당공천제가 폐지되어 하는 이유를 다음과 같이 3가지로 정리해볼 수 있겠다.

첫째, 실제 지역 현안에는 여야 간 정책의 차이가 없다. 예를 들어 하수도 육아 문제 등 주민 생활과 밀접한 현안을 보면 여당이든 야당이든 정책에 별반 차이가 없다. 오히려 정당이 다르면, 불협화음이 더 크게 나온다.

둘째, 진정한 주민자치를 위해서다. 정당공천은 원천적으로 중앙당에 예속된 지역정치를 만들기 쉽다. 특히 특정 지역엔 특정 정당이 오랫동안 할거하면서 권력의 카르텔과 부정부패의 사슬을 구축하고 있다. 지방선거는 주민에 의한 풀뿌리 민주주의를 표방하고 있음에도 말이다.

셋째, 숨겨진 지역인재 양성과 함께 보다 주인된 유권자 의식을 위해서다. 지방선거의 경우 유권자들이 후보자의 검증 과정을 거치지 않고 정당만 보고 후보를 선택하는 경우가 허다하다. 이런 상황에서 정당공천에서 배제된 지역내 유능한 인재들이 당선되기란 쉽지 않다. 이젠 유권자들이 정당이 아닌 진정한 봉사일꾼이 누구인지 관심을 갖고 들여다보아 선택할 수 있도록 제도적 장치를 마련해 주어야 한다.

각종 여론조사 결과를 보면 국민의 70% 이상이 기초 지방선거 정당공천제 폐지에 찬성하고 있다. 그리고 2008년 국회 지방자치발전연구회의 전국 기초자치단체장 및 의원 대상 여론조사 결과, 정당공천 폐지 의견이 73.9%로 나타나 있기도 하다. 이미 미국은 기초단체장의 약 80%, 일본은 90% 이상이 무당파다. 정당정치의 역사가 깊은 유럽도 무소속 비율이 갈수록 증가하는 추세라고 한다.

현 정치권은 기초 지방의원 정당공천제를 폐지하여 이젠 국민의 뜻에 따라 일꾼을 선택할 수 있는 권리를 돌려주고 진정한 지방자치를 보장케 해야 한다. 그리고 유권자들도 좀 더 지역에 관심을 갖고 지역 내 숨은 인재를 살피어 보는 혜안을 지녀야 할 것 같다. 더 이상 지방의회가 중앙정치의 대리전이 돼서는 안 되겠다.

2011년 6월

시·군·구 통합에 대한 단상

지방자치에는 지역문제를 그 지역에서 스스로 처리한다는 원칙이 있다. 그런데 최근 지역에서 꺼리는 통합문제를 왜 중앙정부가 기준을 마련하여 권고하는지 그 저의가 의심스럽다. 이 또한 중앙집권적 사고에서 출발한 억지 통합논리가 아닐까. 지역 통합은 지역에서 자율적으로 처리하도록 각 지방자치단체가 일정한 법적 절차를 통하여 하면 될 것을 말이다.

자치단체의 통합 논의가 우선

현재의 지방행정체제가 일본의 시정촌처럼 지나치게 협소하여 통합해야 하는 것도 아닌데, 중앙정부가 주도하여 통합하려는 의도가 무엇인가. 시·군·구 통합의 기준을 '전국적·지역적으로 제시'하거나, '자율적·권고적 방법으로 제시'하고, 또 '지역별로 유형화(시·군 대 구, 도시부 대 농촌부)된 통합기준을 제시'하고 있는 것에 대한 문제점을 지적하고 싶다. 이러한 논점별 기준 제시는 매우 작위적이고, 중앙정부 편의적인 기준의 제시이다. 2010년 제정된 지방행정체제개편특별법에 따라 2011년 2월 출범한 지방행정체제개편추진위원회(이하 추진위원회)가 지방행정체제 개편을 위한 여러가지 논의를 진행하고 있다. 추진위원회는 기초자치단체의 통합 기준을 마련하기 위해 수도권을 시작으로 시·군·구 통합기준 마련을 위한 토론회를 개최한다고 한다.

그러나 지금 진행되고 있는 추진위원회의 통합 논의는 순서가 잘못되어 있다. 시·군·구 통합 기준 마련에 앞서 통합의 필요성에 대한 논의가 먼저 되어야 한다. 통합 필요성에 대한 논의 없이 통합 추진을 위한 기준을 마련하는 토론회를 개최하는 것은 시·군·구 통합에 대해 우려하고 있는 시민단체, 학계, 전문가 그리고 지방의 의견을 무시하고 일방적으로 중앙정부가 밀어붙이기식으로 통합을 추진하려는 의도라고 밖에 생각할 수 없다.

이러한 밀어붙이기식의 통합 추진은 논리의 부족함을 무마하려는 것에 불과하다. 정부가 통합의 필요성에 자신이 있다면 적극적으로 국민들에게 알리고 절차적 민주성을 확보하면서 추진해도 될 것이다. 지난해 출범한 '통합 창원시'의 후유증은 정부 주도의 일방적인 통합 강행의 문제점을 고스란히 보여주고 있다. 통합 창원시는 지역주민의 자율적인 의사에 따라 이루어진 통합이 아니라 중앙정부가, 여당이 절대 다수를 점하고 있는 지방의회를 통해 일방적으로 밀어붙인 통합이었다.

통합 창원시가 출범한 지 1년이 지난 지금, 통합으로 인한 경제적 효과나 효율성은 입증되지 않고 있으며 오히려 통합된 지역 간 불균형으로 소외지역 주민들이 상실감을 느끼는 등 지역 간 갈등이 심화되고 있는 상황이다. 이렇게 정부 주도의 일방적 통합 강행으로 인한 각종 문제점이 지적되고 있음에도 불구하고 시·군·구 통합을 전제로 중앙정부가 논의를 진행하고 있는 것은 납득하기 어렵다.

지방분권을 위한 시스템이 있나

먼저, 통합의 필요성에 대한 논의가 이루어져야 할 것이다. 또 지방분권을 전제로 한 시·군·구의 통합이어야 한다. 그런데 잘못하면 중앙집권의 논리로 악용될 수 있는 소지가 있다. 현재의 지방행정체제가 국내외적인 환경을 반영하고 있지 못하고 있다고 지적하고 있는데, 그러한 부분이라면 분권적 시스템의 부재가 국내외적인 환경을 반영하고 있지 못하는 것이라고 생각한다.

다음으로 논의할 것은, 정부가 말하는 통합기준의 마지막 논점인 '과소한 구'의 개념이다. 1만 3천 명, 1만 7천 명의 자치구가 과소한 구라는 주장은 명확한 논리적 근거가 없다. 이는 단지 시도 자치단체 내에서 상대적으로 인구가 적은 자치단체를 의미할 뿐 해당 자치단체가 과소한 구라는 주장은 너무나도 엉뚱하다. 국내외적인 환경에 비추어서 1만 3천 명, 1만 7천 명의 자치구가 '과소한 구'라는 주장은 통합의 기준을 억지로 만들기 위한 궁색한 논리에 불과하다.

지역의 특성을 무시한 채 획일적인 기준으로 시·군·구 통합을 하는 것은 중앙집권적이며 반자치적인 발상이다. 현재의 시·군·구는 오랜 역사와 문화 속에서 이루어진 생활공동체로 각 지역마다 나름의 고유한

특성이 있다. 인구 얼마 이하, 면적 얼마 이하와 같은 수치 기준만을 내세
워서 통합할 수 있는 성질의 것이 절대로 아니다. 문화적, 사회적 생활공
동체의 기능을 하는 기초자치단체가 인구가 적거나 면적이 작다는 이유
로 일방적으로 통합될 수는 없는 것이다. 시 · 군 · 구 통합을 전제로 한
지방행정체제 개편방향은 잘못되었다. 기초자치단체는 생활의 작은 문제
를 해결하는 생활 자치 단위이자 풀뿌리 민주주의를 실현할 수 있는 단위
여야 한다.

　따라서 통합 기준을 마련하기 이전에 지방분권을 위한 시스템이 구축
되어야 한다. 그리고 통합 기준을 마련하기 이전에 통합의 필요성에 대해
서 국민들과 시민단체, 학자, 그리고 전문가들과 협의하고 이들을 설득해
야 한다. 국민 다수의 광범위한 이해와 동의만이 지방행정체계 개편 추진
에 힘을 실어 줄 것이다.

2011년 7월

한반도 통일의 꿈

통일의 시기는 이미 새벽이다
그런데 그 준비는 분열과 갈등으로 한밤중이다
대립된 구도 속에 준비하지 못하면 통일은
우리가 인식하지 못하는 가운데 불현듯 찾아올 것이다
통일의 꿈을 실현하기 위해서는
온 민족이 의지와 뜻을 모아야
가능할 것이다

안중근 의사와 동북아평화
그리고 남북통일

나는 애국지사 안중근 의사義士를 너무도 사랑한다. 일제의 서슬이 시퍼런 야욕 앞에 무참히도 짓밟혔던 대한제국 말기, 홀로 이토히로부미를 저격해 세계만방에 대한독립의 의지를 알렸던 분이다. 열악한 시기에《동양평화론》으로 국제외교적 대안론을 제시했던 그의 사상은 백년이 지난 현대에 그 가치가 더욱 빛난다. 그는 시대의 진정한 글로벌 리더였다.

그간 나는 각계 지도자들과 더불어 '남북통일과 동북아 평화탐방단' 활동을 하며, 단장이 되어 수차례에 걸쳐 중국 여순 지역을 방문하고 돌아왔다. 특히 지난해 2010년은 치욕의 국권피탈, 안중근 의사 순국 100년을 맞는 해라 현장에서 느끼는 감회는 말 그대로 각별했다. 망국시대를 산 선대先代의 통한이 새삼 절실하게 가슴속으로 전해져 왔다.

여순과 단동을 돌아보며

의사가 갇혔던 형무소의 전체 면적은 2만 6천 제곱미터로 1902년 러시아가 항거하는 중국인들을 제압하기 위해 건축하였으나, 러일전쟁에서 승리한 일제가 여순을 점령한 후 1907년에 지금 규모로 확장했다. 여기엔 크고 작은 감방 275개, 2천여 명을 수용할 수가 있었다.

그중 한국인이라면 마음이 뭉클해 오는 안중근 의사의 독감방은 서너 평 정도된다. 감방 중앙에 놓인 탁자 위에는 벼루와 붓 그리고 백지가 있었다. 이러한 감방 모습은 적어도 일제가 안중근을 중요 사상범으로 대우했다는 증거이고, 이를 일깨우듯 중국 정부는 안의사 유품들을 유사품으로나마 원래 위치에 챙겨 놓았다.

일제의 만주 점령 기간, 이 감옥에서 700여 명의 항일 지사들이 처형됐다고 한다. 밧줄에 목 졸려 지하 공간으로 추락한 시신은 항아리 모양의 목제통에 넣어져 감옥 뒤 야산에 매장되었다. 전시장에 표본으로 진열된 목제통은 지름 50여 센티미터, 높이 70여 센티미터였다. 따라서 시신은 뼈가 부러질 정도로 이 목제통에 우겨지듯 들어갔을 것이 분명했다. 이토록 잔혹한 시신 학대가 일제 말고 어느 시대 어느 국가에서 자행된 적이 있었을까. 일본은 이에 대해 답변해야 한다는 생각이 들었다.

참혹한 장면의 감옥 순례가 끝나는 곳에 마련된 20여 평 넓이의 안 의사 유물 전시장에는 유묵(遺墨:생전에 남긴 글씨나 그림)들 54매가 사면 가득히 부착되어 있었다. 그 가운데 '견리사의 견위수명見利思義 見危授命(이로운 일을 접하면 먼저 의로움을 생각하고 위험한 일에 처해서는 목숨을 내건다)'이라고 쓴 선생의 휘호 앞에서 오늘 한국의 정치권을 떠올리며 패러디를 해 보았다. 우리 정치인들의 정치적 행태는 말하자면 '견리사의 견위수명見利捨義 見危守命'(이로운 일 앞에서는 옳음을 버리고 위험한 경우에는 먼저 나부터 챙긴다)이 아닐까.

침통했던 감옥 순례를 끝내고 그 길로 안중근 의사가 재판받은 법원을 찾았다. 2층 석조건물로 정문에는 '일본관동법원구지日本關東法院舊址'라고 쓰여 있었다. 2층으로 오르자 법대法臺가 눈에 들어왔다. 우리 일행과 방문객으로 방청석이 메워졌다. 법대와 방청석 사이에는 10여 평의 공간이 있었고. 안중근 의사는 그곳 법대에 앉아 심문하는 일본인 재판관에게 일제의 죄상을 준열한 음성으로 논리정연하게 진술하셨다. 100년 전의 법정 풍경이 머릿속에 그렇게 선명하게 그려졌다.

일제가 법의 이름으로 저지른 만행의 현장인 이 법원은 현재 그 관리권을 한국인이 운영하는 여순순국선열 기념재단이 갖고 있다. 그 경위는 이렇다. 1991년에《세계일보》는 안 의사의 생애와 사상을 조명하는 기획기사를〈대한민국 안중근大韓國人 安重根〉이라는 표제로 1년여 동안 연재했었다. 안 의사의 출생과 죽음에 이르기까지 그 삶의 족적을 세밀하게 찾아 쓴 기사였다. 이를 계기로 각계의 성금 18억 원이 모아졌고 안중근 의사 추모 사업회가 발족되었다. 이를 바탕으로 안중근 의사의 순국 정신을 선양하고 유해 발굴사업 등을 추진하기 위해 설립된 민간조직이 바로 여순순국선열 기념재단이다. 재단은 병원으로 사용되고 있던 법원 건물을 우여곡절 끝에 힘들게 사들였다고 한다. 그렇게 해서 현재는 이곳이 안중근 의사를 중심한, 역사탐방을 위한 필수 코스가 되었다.

중국 여순법정 내 안중근사당을 찾아 헌화하는 필자

　한 기념재단 관계자가 "대한국인 안중근大韓國人 安重根은 우리 가슴에 묻혀있는 역사이면서 현실이다. 과거이면서 현재이다. 하얼빈 의거는 역사의 갈피 속에 묻혀 있지만 그의 조국애와 평화사상은 그대로 민족정기의 표상이다. 우리가 처한 내외의 정황으로 보면 그 횃불이 뜨겁게 타오르게 하는 일이야말로 오늘을 사는 우리에게 주어진 시대적 사명이다. 안중근 의사의 생애를 새롭게 추적, 발굴하고 그 사상을 겨레의 이름으로 선양해야 하는 이유가 여기에 있다."라며 힘주어 말했다. 어느새 분위기는 숙연해지면서 저 마음 밑바닥에서 용솟음치는 감동이 끝없이 밀려왔다.

다음 날 오전, 압록강변 도시 단동丹東에 들렀다. 단동의 압록강변에는 중국식 시장 경제가 성공을 과시하듯 최고 25층짜리 새 아파트 등 고층 건물들이 줄지어 들어서 있었다. 반면 안개 속에서 바라보이는 강 너머 저쪽 북한 땅은 2~3층짜리 우중충한 건물들만 띄엄띄엄 보였다. 신의주 외곽이다. 강의 줄기만을 따라 운행하는 유람선에 올라 다시 신의주 쪽을 열심히 바라봤다. 회색의 건물 외벽에 '위대한 수령 김일성 장군님은 우리와 영원히 함께 계신다', '21세기 태양 김정일 장군 만세'라고 커다랗게 써 있는 붉은 글씨가 눈에 들어왔다. 이를 바라보는 내게 새삼 분단현실을 실감하게 했다.

폭이 일 킬로미터도 안 되는 강을 끼고 이쪽과 저쪽은 완전히 다른 세계였다. 단동에는 이념이 사라진 자리에 삶이 활기차게 돌아가고 있었다. 그러나 북한땅 신의주의 붉은 글씨가 말해주듯 이념의 깃발이 펄럭이는 곳의 삶은 신음하고 있었다. 허름한 상자 같은 초소 주변에서 경비병이 보였다. 그들은 무엇을 지키는가. 그들은 그들 말대로 인민의 생존이 아니라 '주체'와 '선군'과 '3대 세습'을 수호하기 위해 저기서 저렇게 초소를 지키고 있는 것이 아닌가? 결국 절명할 수밖에 없는 체제가 강 저쪽에서 겨우겨우 연명하고 있다는 느낌이었다.

중국이 동북공정으로 한국 역사 왜곡

마지막 날 단동 주변의 고구려 유적을 찾았다. 그곳 광활한 만주 벌판에서 말 달리던 웅혼한 고구려의 혼을 체감해 보기 위해서였다. 그러나 우리의 기대는 여지없이 배반당했다. 현장에서 일행이 확인한 건 1990년대 들어서부터 중국이 드러내놓고 추진해 온 이른바 '동북공정'의 실상이었다.

수隨나라와 당唐나라의 침입을 물리친 요새였던 오골산성, 박작성, 비사성 등은 모두 이름이 바뀌어 안내판에 만리장성의 연장 산성인 양 표기되어 있었다. 새로 축조한 성벽은 완전히 중국 양식이었다. 가령 박작성의 현재 이름은 호산장성虎山長城으로 개명改名되어 단동성 문물보호 단위(문화재)로 지정되었다고 성문 입구에 세워진 화강암 표지석에 기록하고 있었다. '만리장성의 동쪽 끝 기점萬里長城東端起點'이라는 안내 문구도 성벽 입구에 큰 글씨로 쓰여 있었다. 고구려 유적지가 중국 역사의 영광으로 둔갑한 것이다. 동북공정이라는 이름의 역사 왜곡은 학생들 교과서뿐 아니라 이렇게 유적의 변개를 통해 더욱 노골화되어 온 것이다. 역사의 진실을 뭉개버리는 국가적 패륜인 셈이다.

중국 정부는 지난 20여 년 동안 동북공정을 위해 우리 돈으로 5조 8000억 규모의 자금을 투입하여 중국 정부의 산하기관인 사회과학원 변강사지연구중심을 통해 프로젝트를 추진, 엄연한 대한민국의 역사인 고조선·부여·고구려·발해까지도 중국 역사로 편입시켰다. 동북공정이란 중국에서 볼 때 동북 방향에 있는 3성(길림성·요녕성·흑룡강성)을 '옛날부터 중국의 영토라고 역사서에 총정리를 해둔다는 것'을 말한다.

물론 한중 외교분쟁으로 비화되는 동북공정 문제를 결코 감정적으로 대응해서는 안 된다. 허나 국가적 차원에서 논리적이고 차분하게 대응해야 할 중차대한 부분임을 강조하고 싶다.

지난 2008년 베이징 올림픽 때 한국과 카메룬과의 축구경기가 있었다.

그런데 카메룬이 공을 잡으면 중국 관중들은 '짜요' 즉 '힘내요'라는 응원을 하고, 반면 한국이 공을 잡으면 '우'라는 노골적인 야유를 쏟아냈다. 여타 경기에서도 중국의 노골적인 반한 감정이 여지없이 드러났다. 마치 1988년 서울올림픽 당시 일어났던 복싱 오심 등 반미 감정으로 한국 관중들이 여타 미국팀 경기에 야유를 보냈던 것을 연상케 하였다. 표면적인 이유는 SBS가 베이징 올림픽 리허설을 사전 중계한 것이 발단이 되었다고 하지만 그 속내를 들여다보면 간단치가 않아 보인다.

한국은 과거 전쟁의 폐허를 딛고 세계 10위권 경제대국으로 부상하고 있다. 88올림픽, 2002월드컵 등 굵직한 국제대회를 성공적으로 이끌면서, IT 등의 한류 문화도 세계적으로 꽃피우고 있다. 이런 문화적 자신감이 지난 2006년부터 본격적으로 드라마 〈주몽〉, 〈연개소문〉, 〈태왕사신기〉, 〈대조영〉, 〈근초고왕〉 등 고대사 열풍으로 이어지기도 했다.

특히 이러한 한국의 급성장에 중국은 한류가 자국의 문화를 침해한다는 경계심으로 의도적인 억제 움직임을 보이고 있다. 중국 사회 내부에도 맹목적인 한류에 대한 경계와 자성의 목소리가 높아지고 있는 것이다.

중국인에게 중화사상의 뿌리는 깊다. 황하문명에서 비롯된 한족은 용의 자손임을 자부했다. 천자인 황제는 하늘이 부여한 유일한 문화의 가치를 구현하는 통치자였다. 중국中國이라는 명칭에서 알 수 있듯이 세상의 중심에 자기네 나라가 위치해 있다는 것이다. 이런 배경에서 한류를 보는 그네들의 심정을 이해하지 못하는 것은 아니다.

사실상 한국의 국력이 신장되었더라도, 우리 민족인 고구려, 발해의 옛 영토가 만주와 연해주에 걸친 큰 땅이었기에 실지회복이란 이름으로 영토를 되찾는다는 것은 어려운 일이다. 이는 이스라엘이 성경 상의 옛 영토를 회복키 위해 이미 정주하고 있던 팔레스타인을 몰아내고 건국할 때와 같이 분쟁을 일으킬 것이다. 보다 중요한 것은 나라 간 국경이 철폐되어가고 있는 국제 정세 속에서 세계를 주도하는 '문화 영토'의 꿈일 것이다.

동북3성과 동양평화론

안중근 의사는 여순 감옥에서 러시아, 중국, 한국이 함께 살 수 있는 《동양평화론》을 집필 중 사형을 당하셨다. 당시 미완으로 끝난 《동양평화론》에 의하면, 일본이 3국 간섭으로 인해 여순을 청나라에 돌려준 뒤, 한중일 3국이 공동으로 관리하는 군항으로 만들어 세 나라에서 대표를 파견하고 평화회의를 조직한 다음, 3국 청년으로 구성된 군단을 편성하고 이들에게 2개국 이상의 언어를 배우게 하며 공동은행을 설립해 공용 화폐를 만들자는 주장이 들어 있다. 안중근 의사는 일찍이 대한민국 독립과 함께 인류의 공생공영을 외쳤던 글로벌 리더였다. 남북분단이라는 멍에를 안고 있는 지금에도 그는 돌아가셨지만 이를 해결할 충분한 해법을 알고 있었으리라 판단된다.

흔히 만주로 일컬어지는 동북 3성은 중국의 동북쪽 끝에 위치한 지린성吉林省·랴오닝성遼寧省(여순이 이 성에 속해 있다)·헤이룽장성黑龍江省 지역을 말한다. 특히 2백만 명에 달하는 조선족 교포들이 밀집해 있으며, 역사 문화 지리적으로도 남북한과 밀접하게 관련되어 현재 남북통일과 동북아 평화의 역할을 할 중심 지역으로 꼽히기도 한다.

지금 교착상태에 빠진 남북관계는 무언가 획기적인 남북교류의 전기가 필요하다. 필자가 동북 3성에 주목하는 이유는, 최근 중국 내 급성장한 한류와 2백만 동북 3성의 동포들 그리고 조선족들을 중심으로 활발히 진행되는 인적 물적 교류 때문이다. 이는 장래 남북교류의 큰 구심점으로 작용할 것이다. 이미 지금도 중국을 통한 비공식적 교류는 활발히 진행되고 있다.

안 의사의 《동양평화론》은 지금도 동북 3성에서 계속되고 있다. 그 옛날 민족의 원류가 숨쉬던 만주 벌판에서 100년 전 안중근이 꿈꾸어 온 동양평화는 이제 남북통일과 동북아 평화로 실현되리라 믿는다.

동방의 빛 코리아

1929년 인도의 시성詩聖 타고르가 일본을 방문했을 때 한국 방문 요청을 받았으나 응하지 못하는 미안한 마음을 대신하여 기고한 작품 〈동방의 등불〉. 그는 일제 식민 치하에서 한국인들이 희망을 잃지 않고 자주독립을 이루기를 바라는 마음에서 다음과 같은 시를 보냈다.

일찍이 동방의 밝은 등불의 하나인 코리아
그 등불 다시 한번 켜지는 날에
너는 동방의 밝은 빛이 되리라.
마음엔 두려움이 없고
머리는 높이 쳐들린 곳
지식은 자유스럽고
좁다란 담벽으로 세계가 조각조각 갈라지지 않는 곳
진실의 깊은 속에서 말씀이 솟아나는 곳
끊임없는 노력이 완성을 향해 팔을 벌리는 곳

지성의 맑은 흐름이
굳어진 습관의 모래 벌판에 길 잃지 않는 곳
무한히 펴져나가는 생각과 행동으로 우리들의 마음이 인도되는 곳
그러한 자유의 천국으로
내 마음의 조국 코리아여 깨어나소서.

일찍이 1백년 전 이곳 만주 벌판에서 기울어 가는 조국을 부여잡고 한 없이 울어야만 했던 선열들의 한서린 꿈들이 이제 밝은 빛으로 기필코 이루어질 날을 고대한다. 특별히 민족이 하나 되는 일에 힘써야 하겠다. 한국 사회에 분열된 공동체가 너무 많다. 남을 탓하기에 앞서 회복하는 일에 주력해야 한다. 위의 시가 쓰여질 당시만큼이라도 하나 될 줄 알아야 한다. 그래야 타고르와 독립 선열들에게도 부끄럽지 않을 것이다. 역사적 어려움에도 불구하고 이만큼 이루어 온 민족이 아니던가. 시대의 과제, 통일을 이루는 데 선열들의 지혜뿐 아니라 너와 나의 꿈을 모은다면 그리 먼 일만은 아니라고 확신한다. 미래는 꿈꾸는 자의 것이며 꿈은 반드시 이루어진다.

2011년 5월

북한의 과거와 현재 그리고 미래

해방 후, 남과 북은 우익과 좌익으로 갈라져 민족끼리 총부리를 들이대는 비참한 지경에 이르렀다. 그 후 남과 북은 완전히 다른 체제를 유지하며 서로를 증오하고 비난하는 관계로 변질되어 버렸다. 또한 단순한 분단의 관계에서 남북한의 역사를 왜곡하고 정치적으로 피차 이용하는 불편한 정치적 대상이 되고 말았다.

이런 역사적 상황에서 이 한반도는 4대 강국의 각축장이 되었고 남과 북의 분단을 이용하여 자국 이익 추구에 열을 올렸다. 이처럼 남과 북은 분단 당사국의 의사보다 강대국의 논리를 쫓아 분단을 고착화 그리고 장기화시키는 원인을 만들게 되었다. 이런 논리는 현재까지 유효하며 당분간은 변하지 않을 진행형이다. 물론 분단 이후, 남과 북은 지속적으로 대화와 반목을 반복하면서 한 발자국씩 다가서려고 노력했지만 이 역시 쉽지 않은 과정이었다. 또한 양측이 어려운 상황에서도 끊임없이 통일을 주장해 오고 통합을 위한 고민들을 해왔지만 여전히 갈 길은 먼 상태다.

통일, 한걸음부터

　몇 년 전부터 남한 내에서 통일에 대한 분위기가 지속적으로 무르익어 가고 있지만, 서로 상반된 형태의 통일을 주장하고 있어서 불안한 모습을 보여주고 있다. 하나는 북한과 왕성한 교류가 이루어지기 시작한 98년도부터 불기 시작한 훈풍의 통일 바람과, 다른 하나는 지난 몇 년 전부터 급격히 병세가 악화된 김정일을 염두에 둔 비상시 흡수적 형태의 통일 바람이다. 실제적으로 통일에 대한 열망은 같지만 통일에 대한 과정과 인식은 전혀 다른 분위기에서 시작됨을 알 수 있다. 첫 번째는, 교류를 통해 양측이 서로를 인정하고 통일로 나아가는 희망의 과정인 반면에, 두 번째 통일 과정은 북한 권력자의 사망을 통한 북한 붕괴적 관점에서 바라본 통일이라는 사실이다. 하지만 이런 두 가지 가정도 모두 다 남한을 중심하고 진행되고 있다는 사실이다. 그것은 북한의 내부적 상황이나 판단이 고려되지 않은 채 일방적으로 남한의 주관적 관점에서 통일 논의가 진행되고 있기 때문이다.

　이런 상황에서 현재 북한이 원하는 것은 무엇이고 북한이 하려고 하는 것이 무엇인가를 정확하게 간파할 필요가 있다고 말하고 싶다. 그런 관점에서 통일의 방향과 형태에 대해 논의의 초점이 맞추어져야 한다고 생각한다. 왜냐하면 통일은 한쪽만이 하는 것이 아니고 양측이 서로 이행해야 하는 책임이 있기 때문이다.

　결국 불안하고 준비없는 통일은 양측의 화합이 아니라 갈등을 더욱 증폭시키는 원인이 될 수 있다. 이런 상황에서 해방 후부터 현재까지 북한의 상황을 살펴보는 것은 매우 중요하며 그들의 상황은 객관적 관점에서 이해되고 조망되어야 한다.

해방 이후 남북 관계

1945년 일제로부터 해방된 한반도는 남녀노소 누구나 해방의 기쁨에 넘쳐 있었다. 그러나 오래가지 못해 미군정 통치하에 있던 남한과 소련의 통치하에 있던 북한은 우익과 좌익으로 갈려 민족 간 총부리를 들이대는 한국전쟁을 맞게 되었다. 이 전쟁은 3년간 수백만 명의 희생자와 수천만 명의 이산가족을 남긴 채 종료되고 말았다. 당시 전쟁의 폐허에서 북한은 김일성이라는 인물을 통하여 발빠르게 복구가 진행되었고, 남한은 이승만 초대 대통령을 통하여 극복할 수 있었다. 하지만 양측은 여전히 서로가 정통성을 내세우면서 결국 분단이라는 씻을 수 없는 치욕을 남기게 되었다. 이 과정에서 북한에서는 북한의 건국을 도운 소련을 북한 땅에서 내보내고 전후 복구를 도운 중국마저 내보내며 자신들이 한반도에서 유일한 독립국가이며 자주 국가라는 명분을 만들기에 여념이 없었다. 그러면서 남한의 미군정을 바라보며 남한을 미국의 속국이라고 몰아세웠다. 그것은 현재까지 북한이 주장하는 중요한 논리가 되었다. 즉 남한에 미군이 현재까지 주둔하고 있기 때문에 남한의 주인은 미국이며, 남한과의 모든 거래는 미국과 해야 한다는 논리적 명분을 가지게 된 것이다.

그 후 남과 북은 끊임없이 자신의 정통성을 주장하며 국제사회와 서로에게 선전 동요하는 과정을 거쳐왔다. 이런 사상적 대립은 경제적 우위에 의해 한쪽이 강경해지거나 또는 한쪽이 위축되는 경향을 보여왔다. 그리고 이런 경향에서 서로의 경제적 수준이 비슷하였던 1970년대부터 남과 북은 조심스럽게 대화의 장에 나서기 시작했다. 하지만 이런 상황에서도 양측의 기싸움은 중단될지 모르고 끊임없이 있어 왔다. 이러던 것이 1980년대 말 동유럽의 사회주의 국가들이 몰락하면서, 동시에 1994년 김일성의 죽음으로 국제사회에서 북한의 영향력은 현저하게 위축되었고, 남북한 간 경쟁구도에서도 북한이 완전히 남한에 도태되는 경향을 보이게 되었다. 그리고 당시 많은 서구학자들과 남한 내의 보수 학자들은 북한도 다른 여느 사회주의 국가들처럼 오래 버티지 못하고 곧 붕괴할 것이며 이런 상황에서 벌어질 북한의 상황을 대비하여 독일과 같은 흡수통일을 준비해야 한다는 의견들이 등장하게 되었다. 하지만 2011년 현재까지 북한은 존재하고 있고 많은 정치학자들에게 혼란을 주는 상황이 되었다.

김일성 사망과 북한의 정치적 변화

김일성이 사망한 1990년대 중반부터 북한은 정치적 불안기에 접어들고 동시에 자연재해로 인한 심각한 경제난과 식량난에 시달리게 된다. 이로 인하여 수십만의 기아자가 발생하는 등 북한은 그 어느 때보다 어려운 정치적, 경제적 혹한기를 겪었다. 갑작스러운 김일성의 죽음으로 인한 정치적 공백과 엄청난 홍수와 가뭄으로 인한 자연재해가 그랬다. 당시 김정일은 죽은 아버지를 금수산기념궁전에 안치한 후, 유훈정치를 통해 김일성이 없는 공백을 메웠다. 유훈정치는 죽은 사람이 정치를 한다는 것으로 그만큼 김일성의 사망은 북한 정치사에 큰 영향을 주었다고 볼 수 있다. 이런 상황을 극복하기 위해 유훈통치와 함께 '고난의 행군'을 선포하고 김정일 체제 수립에 열을 올렸다.

당시부터 현재까지 많은 학자들은 심각한 북한의 상황을 보면서 북한 붕괴론을 지속적으로 주장해 왔다. 붕괴되지 않더라도 국정의 혼란이나 민심이반 같은 내부적인 분란이 일어날 것이라고 예측한 내용들이 많았는데 아직까지 외부를 놀라게 할 만한 폭동이 있다는 뉴스는 전해지지 않는다. 그렇다면 북한이 분단 이후, 기아자가 속출하는데도 아무 문제없이 존재하는 이유는 무엇일까. 그 이유는 다음의 중요한 몇 가지 이유를 통해 이해할 수 있을 것이다.

첫째는, 해방 후부터 북한은 항상 어려움 속에서 살아왔다는 점이다. 김일성 생존 시 그의 희망이 "기와집에서 쌀밥에 고기국을 먹는 것이다."라고 했다. 김일성의 이런 바람은 현재 그의 아들 김정일이 70살이 된 상태에서도 여전히 진행형이다. 북한이 60~70년대 초까지 남한보다 잘 산다고 하는 기간이 있었으나 그것은 어디까지나 중공업 중심의 발전기였고 주민의 생활이 풍족하거나 윤택한 것은 아니었다. 해방 후부터 북한은 항상 풍족지 못한 생활 속에서 살아왔고 그것을 습관처럼 받아들여 온 것이 바로 북한 주민들이다.

둘째는, 북한이 못 먹고 못사는 이유를 미국 때문이라고 지속적으로 선전해 왔기 때문이다. 물론 이 말이 100% 옳은 말이라고 할 수는 없지만, 한국전쟁 후 미국이 내린 북한에 대한 경제 제재는 현재까지 진행되고 있고 이런 조치로 북한은 자유롭게 무역하기가 힘들며 또한 외국과의 거래 및 자금은 미국의 추적을 받아 왔다. 이런 이유로 경제가 위축된 게 미국의 영향이라는 북의 선전이 내부에 먹혀들고 있는 것이다.

셋째는, 전쟁이 일어날 것이라는 긴장감으로 살아왔기 때문이다. 이것은 북한의 내부적 선전, 선동의 효과도 있었지만 한국 전쟁 후 한국, 미국, 일본의 삼각 동맹을 통해 북한을 압박한 것이 북한을 항상 전쟁의 긴장 속에 국가를 운영하게 만들었다고 볼 수 있다. 이런 전쟁의 긴장 속에서 먹고 살기 힘든 것을 당연한 일로 여기는 것이다.

이런 세 가지의 이유 외에도 북한의 지속적인 사상 교육, 감시와 감독을 통한 주민의 통제와 단속 등이 북한체재를 지탱시키는 중요한 이유였다고 볼 수 있을 것이다.

북한은 왜 미국과 거래하려 하는가

남북 간의 협상과 거래는 항상 있어 왔다. 하지만 그것은 정치적이거나 군사적인 목적이 아니었다. 만약 그런 협상이 있다 하더라도 그것은 극히 미미한 부분이었다. 궁극적으로 북한이 협상장에 끌어들이고 싶은 것은 남한이 아니라 미국이었다. 북한이 보는 미국은 두려움의 대상이다. 1945년 일본 히로시마와 나가사끼에 원자폭탄을 떨어뜨린 미국을 보면서 원자폭탄의 두려움이 세계로 증폭되었고, 처음이자 현재까지 마지막으로 사용되었던 원자폭탄의 위력에 세계는 큰 두려움에 빠지게 되었다. 이런 미국의 위력 앞에 당시 남한에 주둔하고 있던 미군에 대한 북한의 두려움 또한 대단한 것이었다. 더군다나 미국이 남한에 주둔하고 있는 상황에서 북한의 대남전략은 다양한 방법을 통하여 그 전술과 전략을 수시로 달리해 왔다. 즉 해방 후부터 북한은 남한에 대한 모든 대남전술이 미국에 의해서 좌절되었고 방해받아 왔다고 생각했다.

이런 미군이 남한에 주둔하고 있는 동안 북한의 주도적 통일은 힘들다고 생각했던 것이다. 이런 상황에서 현재 남한의 정치적, 군사적 결정권도 미국에 의해 좌지우지되어 오고 있다고 보고, 남한과의 협상은 큰 의미가 없다고 판단해 온 것이다. 이 같은 시각이 북한이 취해 온 지금까지의 행태이다. 이런 의미에서 북한은 지속적으로 미국의 관심을 끌기 위해 노력해 왔다. 그러나 한반도의 초라하고 가난한 나라 북한에 대해 미국은 별로 신경쓰지 않았고 그렇게 중요한 존재가 아니었다. 이런 상황에서 만들어진 것이 북한의 핵프로그램인 것이다. 북한의 핵프로그램은 결국 미국의 주목을 받았고 미국이 북한을 협상의 파트너로 간주하기 시작하게 된 것이다. 당시 북한이 핵프로그램을 선택한 이유는 여러 측면에서 중요한 이유가 있겠지만 위 요인에 기인한다고 볼 수 있다.

구체적으로 북한이 미국과 거래하고자 하는 이유를 들어 보면 첫째로, 비대칭 전략을 통한 군비의 균형을 맞추려는 것이다. 즉 경제적으로 어렵고 힘든 북한의 상황에서 남한이나 그 외 잘사는 자본주의 국가처럼 풍족하게 군비확장이 불가능했고 엄청난 돈을 들여 많은 무기를 지속적으로 생산해내는 데 한계를 느끼게 된 것이다. 이런 상황에서 핵폭탄 하나만을 갖는다면 기존의 재래식 무기만으로도 충분히 다른 나라를 위협하고 국제사회의 발언권이 높아질 것이라 계산한 것이다.

둘째는 미국이 핵에 대한 아킬레스건이 있다는 것을 정확하게 파악한 것이다. 70년대 초까지만 하더라도 미국과 소련의 핵무기 증강은 세계에서 가장 예민한 군비증강 문제의 하나였다. 더군다나 핵폭탄의 위험성에 대해서 그 누구보다 잘 아는 미국으로서는 당시 소련과 제3국들이 핵무기를 제조한다는 것에 대단히 큰 우려를 가지고 있었다. 그리고 그런 핵무기가 미 본토를 향하여 배치된다면 전 세계의 패권을 상실할 뿐만 아니라 당시 공산주의에 대립하여 있던 민주주의 국가들에도 파멸을 가져올 것이라는 강한 편집증이 작용하고 있었다. 그 이후, 소련의 붕괴로 핵전쟁의 위험은 많이 감소한 상황이지만, 미국은 자국의 핵보유에 대한 국제사찰을 민감하게 받아들였다. 또 어떤 나라든지 핵무기를 보유한다는 것에 대해서는 대단히 민감한 반응을 보였고 핵무기에 대한 강력한 제재와 함께 핵무기 소유를 강력하게 견제하여 왔던 것이다. 이런 상황에서 북한은 미국을 협상장으로 끌어들이기 위해 오래 전부터 핵무기를 준비해 온 것으로 볼 수 있다. 결국 이런 북한의 핵무기 개발이 미국으로 하여금 한반도에서 북한의 입지를 더욱 강화시키는 결과로 나타나게 되었다.

셋째, 핵문제를 통하여 미국을 비롯한 국제사회로부터 얻을 수 있는 지원을 더욱 증대시키기 위한 것이다. 1994년 북한은 미국과의 협상에서 핵개발을 중지하는 대신 경수로와 경제적 지원을 받는 것으로 합의하게 된다. 당시 미국은 북한이 계속해서 핵으로 한반도와 미국을 위협하지 않아야 한다는 판단에서 북한과 협상을 하게 되는데, 당시 북한은 다양한 경제적 지원과 식량, 에너지 그 외 정치적인 보상을 요구하게 된다. 이런 각종 보상 요구를 미국이 받아들이고 거기에 대한 대가를 남한과 일본, 중국, 러시아, 미국이 일정한 비율로 나누어 지불하도록 협상하기에 이르렀다.

넷째, 미국과 협상을 잘한다면 한국과 일본도 그 협상 내용에 동참하지 않을 수 없다는 결론 때문이다. 이는 북한이 남한과 일본을 미국 정책의 속국으로 간주하고 미국만 잘 움직인다면 개개국가(남한과 일본)와 직접 협상을 하는 것보다 훨씬 빠르고 정확한 정치적 경제적 지원을 획득할 수 있다고 판단한 것이다.

북의 한계, 마지막 남은 미국과의 핵협상

현재까지 북한이 미국과 협상한 내용은 상당히 성공적이었다고 볼 수 있다. 하지만 부시 정권과 오바마 정권 들어 북한과 미국의 협상은 훨씬 난해한 국면으로 접어들게 되었다. 즉 미국이 북한의 속내를 다 알게 되었고 남한을 비롯한 국제사회로부터 북한에 대한 지원도 끊어지게 되면서, 북한의 불안감은 한층 더 높아가는 상황에 놓인 것이다. 게다가 내부적으로 2008년 김정일이 뇌출혈로 반신불수가 되고 자연스럽게 차기 승계에 대한 불안감이 증폭되었다. 그 뿐만 아니라 식량난과 경제난이 가중되면서 북한 주민들의 통제도 많은 부분에서 허술해졌다. 국내에 들어오는 탈북자들도 끊이지 않는다.

동시에 북한이 98년도에 미국과 협상에 이은 거래도 진행하면서부터 남한과 일본과도 더 많은 경제적 지원을 얻어내기 위해 적극적으로 교류와 협력 모드로 변화하게 됐다는 사실이다. 그것은 북한 내부에서 강경파의 득세로 인한 경제난과 식량난이 가중되면서 북한 스스로 좀 더 실용적인 대외 정책을 구사하겠다는 신호로 이해할 수 있다. 이런 신호는 남한과의 적극적인 경제·문화·체육 교류를 통하여 북한이 자존심은 상하지만 좀 더 얻을 것이 많다는 것을 알게 되었고 그간 미국과의 협상에 너무 매달리면서도 실제적으로 얻은 것 없이 경제난이 가중되었다는 사실도 알았기 때문으로 볼 수 있다. 이는 한국의 경제 발전과 무관하지 않다. 하지만 북한이 여전히 놓지 않는 카드는 핵협상문제만은 미국과의 거래로 간다는 것이다. 이런 내용은 핵협상 자체가 한국과는 별개의 문제라고 인식한 북한의 오래된 정치적 속성에 기인한다고 볼 수 있다.

1999년 1월 1일 북한은 북한의 주요 언론을 통하여 '올해를 강성대국 건

평양 김일성주체사상탑

설의 위대한 전환의 해로 빛내자'라고 선전하여 처음으로 '강성대국'이라는 단어를 사용하게 된다. 그리고 강성대국의 완성 시기를 2012년까지로 정한다. 강성대국은 사상의 강국, 군사의 강국, 경제의 강국을 뜻하는데 북한은 이미 사상과 군사에서는 이미 강국으로 우뚝 섰다고 자부하면서 2012년까지 과학과 경제의 강국을 만들겠다는 포부를 내놓았다. 북한이 이렇게 연도를 정하여 주민들에게 발표한 예는 드물다. 하지만 강성대국 완성이라는 목표를 2012년까지 정한 것은 몇 가지 중요한 의미를 가진다.

첫째는 3대 승계의 완성을 뜻할 수 있다. 3대 승계란 바로 현재의 김정은에게 모든 통치권을 완전히 이양하는 기간으로 볼 수 있다. 그것은 김정일 자신의 급격한 건강 악화와 함께 만약 일어날지도 모르는 정권의 공백을 메우기 위해서 미리 대비해 놓은 것으로 보인다.

둘째는 북한 주민들을 달래기 위한 방법일 수 있다. 그것은 이제까지 목표 없이 몇 십년 동안 시달려 온 북한 주민들을 다독이기 위한 방법으로써 2012년이라는 정확한 연도를 정했을 가능성이 있다.

셋째는 2012년이 김일성의 100주년 생일, 김정일의 70주년 생일, 그리고 3대 승계자인 김정은의 30주년 생일이기에 이를 맞추어 진행하려는 것으로 볼 수 있다. 특히 김일성의 100주년 생일은 북한에게 대단히 의미있는 일이고, 일명 '김일성 민족'이라는 북한의 개념을 더욱 확고히 하려는 의도로 엿보인다.

넷째는 주변 국가들의 정권이 바뀌는 중요한 시기라는 점을 염두에 둔 것으로 보인다. 먼저 한국의 MB정권이 바뀌고 미국의 정권도 바뀌게 되며 러시아와 중국도 제5세대 지도자로 바뀌는 상당히 의미있는 해라는 점이다.

마지막으로, 2012년이라는 정확한 연도를 설정함으로 미국과의 협상을 최종적으로 끝내고 경제적 보상도 완전히 마무리 지으려는 의도가 아닌가 여겨진다.

이처럼 2012년은 한반도와 전세계에 있어 중요한 해가 아닐 수 없다. 결국 2012년은 북한이 어떠한 상황이든 무엇인가를 최종적으로 결정해야 하는 중요한 시기로 삼은 것으로 보인다. 그래서 2012년을 그 어느 누구보다도 큰 기대 속에서 기다린다.

강권통치의 종언과 북한의 미래

최근 전 세계, 특히 중동지역을 중심으로 철권통치의 상징이었던 독재자들이 시민들의 봉기로 무너지고 있다. 재스민 혁명으로 불리는 시민들의 봉기는 몇 십년씩 독재권력을 이끌어오던 권력자들에게 권력의 무상함도 함께 알려주고 있다. 이 재스민 혁명의 근원을 보면 회교가 중심이 되는 지역에서 일어났다는 점과 신정체제로 무너질 수 없을 것 같은 강권정치가 무너졌다는 특징을 가지고 있다. 동시에 위에서부터 아래로의 변화가 아닌, 아래로부터의 혁명이며 주 원인이 일자리와 빈곤에서 오는 것으로 청년들로부터 발발되었다는 공통점을 가지고 있다. 또 이런 내부적 혁명이 전세계적으로 인터넷을 통해 뉴스 되고 국제적인 지원과 트위터 등의 응원을 받는다는 사실도 흥미롭다.

그러면 지금 재스민 혁명을 보는 북한 정권의 표정은 어떨까. 1989년 10월 동유럽의 붕괴로 루마니아의 대표적 독재자였던 차우셰스쿠가 군사재판을 통하여 처형되는 사건이 있었다. 당시 김일성은 차우셰스쿠의 죽음을 보며 상당히 두려움을 느꼈다는 일화가 있다. 그것은 세 가지의 측면에서 북한에 두려움을 제공했다. 같은 사회주의 노선을 걷고 있던 국가라는 점, 김일성과 같은 장기 독재자였다는 사실, 그리고 마지막으로는 자기의 방패였던 군인들에 의해 처형당했다는 사실이다. 정치적 환경은 동유럽 상황과 비교해서 다르지 않지만 지금 시대는 이념적 견고함보다 먹고 사는 문제가 훨씬 예민한 문제로 대두되고 있고, 자유를 억누르는 철권통치를 과감히 거부한다는 사실이다. 현재 북한이 안고 있는 가장 심각한 문제들이 이와 같은 문제이다.

북한은 2000년 초부터 이미 '공산주의'라는 단어 자체를 폐기했다. 내부적으로도 공산주의는 이룰 수 없는 허황된 것이며 현재의 북한의 상황으

열병을 참관하고 있는 김정일 · 김정은 부자

로 이룰 수 없는 목표라고 규정지은 바 있다.

이러한 상황에서 최근 김정일의 강성대국을 위한 외국으로의 경제 행보는 최근 발생되고 있는 재스민 혁명과 무관해 보이지 않는다. 현재 북한이 안고 있는 문제가 재스민 혁명이 일기 전의 국가들과 거의 동일한데, 병약하다고 했던 김정일이 장기간의 외유를 통해 북한 주민들을 다독이고 그들에게 최고 지도자가 매일 경제적인 협력을 위해 전 세계를 바삐 다니고 있다는 모습을 보여줌으로써 내부권력을 더욱 공고히 하고, 외부 세계에는 건재함을 과시하고 있다. 이는 김정일의 든든한 지원과 김정은의 내부적 포석을 강화하려는 다중의 목적이 있다.

이런 상황에서 앞으로 북한의 동향은 매우 중요하다. 즉 북한이 마지막으로 생각하고 달려들고 있는 경제적 재건이 북한 정치에 큰 영향을 줄 수 있다는 것이다. 이런 다면적이고 다층적인 시각에서 남한도 북한을 평가하고 앞으로의 관계를 깊게 고려해야 하는 것은 두말할 나위가 없다.

통일로 가는 희망의 징검다리 놓아야

남한의 많은 보수학자들은 북한의 대남전략과 무력침공을 여전히 우려하며 북한의 적화통일을 위한 공격에 대비해야 한다는 목소리를 높이고 있다. 그렇다면 현재의 북한이 과연 남한을 침공할 의사나 능력이 있느냐가 중요한 화두가 될 것이다. 물론 현재 북한의 핵무기 제조나 핵관련 개발이 전 세계 특히 남한에 대단히 위협적인 요소가 될 수 있다. 하지만 현재 북한의 핵보유는 공격을 위한 것이라기보다 자기 생존 차원에서 이루어지고 있다는 것이 중론이다.

중요한 것은 북한의 무력적 행동이 동반될 수 있는 가능성도 남한, 즉 우리의 행동 여부에 따라 많은 차이를 보일 수 있는 것이라 여겨진다. 즉 북한을 같은 동포로 인정하고 국방 태세를 막강하게 유지하면서 적극적인 북한과의 교류와 협력을 지속적으로 이끌어내는 것이 최선의 방법이 될 것이다. 동시에 북한이 현재 가장 필요로 하는 먹고 사는 문제를 우리가 지원하여 남한의 중요성과 존재적 가치를 상승시킴으로써 남북한의 정치, 군사적 교류를 통해 분단 당사자인 우리들이 국제사회에서 정치적 힘을 확대시켜 나가는 것이 무엇보다 급선무다. 하지만 반대로 북한을 주적으로 간주하여 지속적인 적대정책을 취한다면 북한을 자극해서 전쟁이나 그 이상의 행동으로 나오게 할 수도 있다. 결국 두 결과와 과정을 이끌어내는 것은 좀 더 잘 살고 우월한 상황에 있는 남한의 판단에 의해서 결정되는 것이다.

물론 뒤에서 더 언급하겠지만 남북한의 냉전적 상황은 우리에게 훨씬 불리하며 경제적으로 치명적인 결과를 낳게 된다. 만약 북한이 스스로 붕괴되는 경우 엄청난 수의 난민들이 남한으로 밀려들면 인권적 차원에서 외면할 수도 없으며, 일대 혼란과 함께 남북한 둘 다 큰 문제에 봉착될 수 있는 것이다. 이런 혼란을 통하여 국제적 위상 추락과 주변국가에 좋지 않은 영향을 주게 될 것이다. 하지만 남북한이 서로 부족한 부분을 채워주는 차원에서 교류와 협력으로 지속적으로 오간다면 처음에는 조금 힘들고 갈등이 있겠지만 장기적으로 보면 양측이 함께 살아갈 수 있는 방법이라는 것을 알게 될 것이다.

남한의 월등한 경제력과 기술, 그리고 북한의 엄청난 자원과 우수하고 저렴한 인력, 육지로 오가는 다양한 세계적 유통 경로 확보와 물류 비용의 절약 등 양측이 잃는 것보다 얻는 것이 훨씬 많다는 것을 알게 될 것이다. 그리고 그런 교류와 협력이 60년에 가까운 분단으로 인하여 초래된 각종 오해와 증오, 갈등들을 해소하는 지름길이라는 것을 알게 될 것이다. 그것이야말로 내가 진정으로 원하는 공생·공영·공의의 대한민국, 세계의 중심국가로 서는 통일국가, 진정한 통일국가 Korea가 되는 것이라 믿는다.

2011년 9월

MB 대북정책의 한계와 모순

나는 남과 북이 평화롭고 민주적인 통일을 이루어 진정한 통일국가로 공생, 공영하는 모습을 보고 싶다. 이런 모습은 나의 꿈이며 대한민국 전체 국민의 뜻이기도 하다. 하지만 최근 이명박 정부를 바라보며 더없는 실망과 불안을 감출 수 없다. 2008년 이명박 정부가 들어선 이후, 대북정책과 남북관계는 나를 비롯한 대한민국 국민들에게 적지않은 좌절감을 맛보게 했다. 그것은 이명박 정부의 대북정책이 지난 김대중, 노무현 정부의 대북정책을 훨씬 후퇴시켜 기존에 있던 남북교류를 단절하고 대북 강경 정책의 틀을 통해 국민에게 더욱 불안감만 높이는 결과를 초래했다고 생각하기 때문이다.

이명박 정부의 '비핵 · 개방 · 3000'

이명박 정부가 취임하자마자 내놓은 정책은 바로 '비핵 · 개방 · 3000'이었다. 북한이 핵을 없애고 폐쇄된 북한을 개방하면, 1인당 국민소득을

3,000불까지 끌어올려주겠다는 내용이다. 이 정책은 현재도 이명박 정부 대북정책의 핵심 기조이다. 하지만 이 정책을 본 북한의 입장은 이명박 정부는 처음부터 자신들과 어떤 남북 간 교류도 할 마음이 없다고 단정했다. 내용은 간단했다. 그것은 우리나라 70년대 수준까지 경제를 끌어올려줄 터이니 핵을 접고 모든 것을 단념하고 개방으로 나오라는 노골적인 압박이라고 판단했기 때문이다.

이명박 정부는 국내 정치 그리고 대북정책에서도 '상생과 공영'을 지속적으로 주장해 왔다. 하지만 이명박 정부 들어 남북 간 교류와 협력사업은 거의 전무하였으며, 많은 대북협력 사업체들은 남북 간의 정치적 싸움에 줄도산을 맞거나 사업을 접는 최악의 상황을 맞았다.

이명박 정부는 지난 김대중, 노무현 정부가 북한에 일방적으로 끌려다녔으며 너무나 많은 것을 퍼주었기 때문에 되려 한반도에 전쟁의 기운을 높이는 결과를 초래했다고 비판하고 있다. 또한 북한이 핵개발을 촉진하는 계기가 되었고, 동시에 한반도에 전쟁의 기운과 불안을 더욱 가중시켰다고 역으로 주장하고 있다.

하지만 이명박 정부 들어 2008년 금강산 관광객 피살사건 이후, 남북 간에는 그 어느 때보다 높은 긴장감이 감돌고 있다. 상생과 공영을 주장했지만 남북 간 교류는 초라한 상황이며, 강경한 정책을 통해 원칙적인 잣대를 적용하여 북한의 기를 꺾어 놓고 북한의 태도를 근본적으로 고쳐주겠다고 하던 정책은 한반도에서 전쟁의 가능성을 더욱 높이는 결과를 초래했다.

또한 북한은 핵 제조에 많은 시간과 돈을 들여 더욱 폐쇄적인 국가로 변하였으며, 3대 승계라는 불안한 정권을 만들기까지 했다. 더군다나 이명박 대통령의 취임부터 현재까지 남북한 간 정치적 상황은 살얼음판을 걷는 느낌이다. 2010년 4월 1일, 북한의 소행으로 추정되는 공격으로 천안함이 침몰하여 수많은 대한민국의 수병들이 전사했다. 또한 2010년 11월 23일에는 민간인 거주 지역인 연평도에 무차별 해안포를 발사함으로써 무고한 우리 군인과 민간인이 희생되었으며 한국전쟁 이후 제2의 전쟁의 기운이 한반도에 엄습하게 되었다.

이명박 정부의 상생과 공영이 진심으로 북한을 살리고 한반도의 긴장을 없애기 위한 정책이었다면, 이런 희생들과 긴장은 더 이상 있지 말았어야 했다. 그리고 그것이 진정으로 국민들을 걱정하고 한반도의 긴장을 해소하는 정책이었다면 이 한반도에서 다시는 남북한의 민간인이든 군인이든 또 피를 흘리는 일이 발생되지 말았어야 했다. 그럼에도 불구하고 현재 남북한 관계는 시계 제로의 안개국면으로 빠져드는 느낌이다. 많은 학자들과 국민들은 이런 한반도의 상황을 보면서 이명박 정부의 대북정책을 의심하기 시작했다. 결국 북한을 이런 지경까지 내몬 것이 바로 이명박 정부의 대북강경정책기조가 그 원인이라고 보고 있는 것이다.

이명박 정부의 상생과 공영은 과연 성공하였는가?

나는 아직까지도 이명박 정부 대북정책의 핵심이 '상생과 공영'이라는 게 이해되지 않는다. 상생과 공영은 서로 조화를 이루고 함께 번영하자는 얘기인데, 과연 이런 단어들이 현재의 한반도 상황에서 타당한 단어인가 깊은 의구심을 갖게 되었다. 이명박 정부 들어 남북한 간에는 더없는 긴장감이 조성되었고 천안함 침몰과 연평도 사건으로 국론은 분열되었으며 더 나아가 남북한의 불안한 정치적 상황은 남한 경제에 큰 타격을 주는 요인으로 작용하고 있다.

이명박 정부는 DJ 정부와 참여정부가 북한에게 너무나 많은 것을 주었고 그리고 그런 막대한 지원이 결국 북한을 이렇게 만들었다고 주장하고 있다. 이런 상황에서 대통령은 북한에 대한 지원도 북한이 대한민국의 요구를 수용할 때만 줄 수 있는 당근으로써 원칙적이고 실용적인 대북정책으로 접근해야 한다고 주장하고 있다.

이명박 정부가 들어선 이래 북한의 대화 요구는 꾸준히 있었다. 국민들은 대통령이 취임한 이후에도 남북 간 사이에 진행되고 있었던 금강산 관광과 개성 관광 그리고 그 외에 진행될 남북교류사업들이 차질없이 잘 진행될 것이라 기대했다. 그리고 한 차원 더 높은 대북정책이 나올 것이라 기대했고 통일에 한 걸음 더 나가는 선진적 대북정책이 시행될 것이라는 내심의 기대가 있었다. 하지만 남북관계는 아주 묘하게 꼬여갔다. 그리고 2008년 7월 금강산 관광을 하던 박양자 씨의 사망으로 남북관계는 훨씬 복잡한 양상을 보이기 시작했다.

하지만 당시 북한은 이런 남북 간의 분위기를 길게 끌고 갈 의향이 아니었던 것은 확실하다. 그것은 2009년 8월 16일 현정은 회장과 김정일의 만남에서 김정일 국방위원장이 직접 다시는 그런 일이 없을 것이라는 재발 방지 약속을 했고, 2009년 8월 23일 북한의 총리 김기남과 통일전선부 부장 김양건은 DJ 장례식에 참석하고자 남한에 와서 김정일의 메시지를 들고 청와대를 전격 방문하여 강력한 대화 재개를 요구했다.

이런 북한의 요구에도 불구하고 대화는 전무하였으며 그 이후로 남북 간에는 훨씬 불안한 기운이 감돌게 되었다. 당시 정부는 한 기업인에게 재발방지를 약속한 김정일의 약속을 여전히 신뢰하지 못하였고, 이 이후로 이명박 정부의 상생, 공영은 빛바랜 단어에 불과해졌다.

지난 2008년 이후부터 2011년 현재까지 남북 간에는 상처뿐인 긴장만 남아 있는 상태이다. 최근 이명박 정부와 북한 당국 간에 조심스런 대화 기미가 보이지만 이런 상황으로 과거의 대화 분위기를 회복하기에는 어려워 보인다. 이런 상황에서 대통령이 '잃어버린 10년'이라 주장하는 DJ의 햇볕정책(포용정책)과 노무현 정부의 대북정책을 다시금 고찰해야 하는 이유가 여기에 있다.

DJ와 노무현의 대북정책 고찰

1998년 취임한 김대중 정부는 기존 대북정책과는 전혀 다른 차원의 대북교류협력 정책을 실천해 왔다. 이런 대북정책은 2000년 6월 15일 남북 간 정상회담을 통하여 교류, 협력을 지속적으로 가속화시키고 그런 교류와 협력을 통하여 북한을 서서히 외부 세계로 끌어들이는 중요한 기반을 닦았다. 북한은 당시 다양한 대남사업과 교류 속에서 금강산관광과 개성관광이라는 카드를 꺼내들었고, 우리 정부도 민간교류를 통한 남북한 관광에 큰 관심과 지원을 아끼지 않았다.

물론 당시 투자한 액수에 대한 논란이 없었던 것은 아니지만, 북한은 자기들의 안보를 위해 가장 중요하게 생각했던 금강산 지역의 장전항을 포기하고 남한정부와 남쪽 국민들에게 개방하는 결정을 내렸고, 동시에

서울에서 40여 킬로 정도에 있는 개성 또한 관광지로 내놓았다.

급물살을 탄 남북한의 협력교류는 정치, 경제, 문화, 스포츠 방면까지 정부와 민간이 하나되어 다양한 사업을 펼쳐 나갈 수 있는 기회를 제공했다. 당시 나를 비롯하여 많은 대한민국의 국민들은 이제까지 꼭꼭 숨겨져 있던 북한 사회를 들여다 볼 수 있는 좋은 기회를 갖게 되었고, 그것을 통하여 우리는 같은 민족이라는 사실과 같은 핏줄을 가진 한민족이라는 사실을 깨닫게 되었다. 당시 수많은 남북한 교류 속에서 두 번의 서해안 충돌이 발생되었으나 그런 충돌이 남북한 교류의 열기를 꺾지는 못했다. 동시에 DJ와 노무현 정부의 대북정책은 국민안보와 교류를 정확하게 구분하는 원칙적인 입장을 견지해 왔고 북한 스스로도 그런 원칙적 입장을 인정해 왔다. 그러면서 북한은 이런 다양한 민간교류와 관광을 통하여 남한을 이해하기 시작했고, 남북한 간 정치적으로 다루기 힘들었던 문제들도 전향적으로 검토하고 대화하려는 태도를 보였다.

당시 DJ는 김정일을 만나 핵문제를 거론했고 핵에 대한 우려를 북한 측에 정확하게 전달했다. 동시에 김정일도 그런 의견에 대하여 동감했고 남북한 교류를 더욱 가속화하여 남북한이 공생, 공영하는 상황을 만들자는 것에 양측은 동의했다. 그 이후 남북 간에는 교류협력 사업들이 진행되었다. 그리고 이런 결과들은 노무현 정부로 연결되어 서울에서 30~40분밖에 소요되지 않는 개성지역에 저렴한 인건비로 유능하고 우수한 북한 인력들을 우리의 중소기업들에 투입할 수 기회를 만들게 하였다.

이런 교류를 통하여 남북한 간에 지난 분단 이후 쌓였던 각종 오해와 증오들을 하나씩 걷어내는 기회가 만들어졌다. 여전히 먼 시작이었지만 너무나 바람직한 첫걸음이었다. 하지만 MB 정부 들어 이런 과거의 노력들은 다시 물거품이 되고 말았다. 더군다나 최근 MB 정부의 남북정상회담 시도는 장기적이고 근본적인 변화의 시도라기보다 임기 말년에 정상회담을 통하여 약해진 정권 말기의 불안한 위치를 회복하려는 의도로밖에 보이지 않는다. 더군다나 이제까지 지속적으로 주장해 오던 천안함과 연평도사건에 대한 사과와 재발방지에 대한 강력한 요구들은 어느새 흐지부지 되어버렸고, 치적을 쌓기 위한 연출용으로 대강 넘어가려는 그런 약한 모습을 보여주고 있는 것이다.

독일 흡수통일의 부작용은 여전히 진행형이다

남과 북에 거주하는 우리 민족은 지금 분단이라는 고착화 속에 이제까지 서로를 얼마나 증오하고 거부해 왔는지 잘 알고 있다. 분단은 오해를 낳고 아집을 낳으며 민족적 분열을 조장하여 지속적인 분쟁을 만들어 왔다. 그리고 선량한 많은 남북의 국민들과 주민들이 이런 정치적 놀음에 희생되어 왔다. 우리는 이미 통일된 독일을 보면서 우세한 한 측이 다른 한 측을 흡수하는 것이 얼마나 어렵고 힘든가를 잘 보아왔다. 1989년 통일한 독일이 얼마나 힘든 과정을 거쳐서 현재의 이 자리까지 왔는지 역시 잘 알고 있는 사실이다.

잘사는 서독이 못사는 동독과 통일하기 전에도 수많은 지원과 교류가 있었다. 하지만 서독에 의한 일방적인 흡수통일은 서독에 엄청난 부담감을 안겨주었고 독일 경제를 몇 십 년이나 후퇴시키는 결과를 초래했다. 이런 내용은 한신대 이해영 교수의 《독일은 통일되지 않았다》는 저서에서 잘 나타나 있듯이 '독일형의 흡수 통합이 가져온 문제에는 실업 문제 뿐만 아니라 지적·도덕적 위기, 가치 규범의 공황 등 헤아릴 수 없이 다양한 사회병리학적 증후군들도 포함하고 있다'고 설명한다. 또한 이런 분위기들의 극단적인 상황은 서독 민족을 상급으로 동독 민족을 하등으로 보는 사회적 양상으로 나타났으며, 동독은 서독 경제를 갉아먹는 거지로 비유되기도 했다. 당시 서독의 경제력은 대한민국보다 훨씬 방대하고 규모에 있어서도 컸지만 서독의 일방적인 동독에 대한 통합은 여전히 많은 부작용과 후유증을 동반하고 있다.

더군다나 당시 서독의 동독의 대한 물적, 기술적 지원은 엄청났다. 그리고 많은 교류도 진행되고 있었다. 그래도 갑작스런 흡수통합은 양측에게 엄청난 오해와 불신을 만들었다. 그나마 양측이 서로를 이해하려는 그런 의도가 깊이 내재되어 있었음에도 불구하고 말이다.

하지만 현재의 한반도는 여전히 실낱같은 작은 교류에 의지하고 있다. 통일된 독일과 비교해도 남북한간 교류는 아주 미미하고 정치적 영향에 따라 항상 변화무쌍한 불안성을 내포하고 있다. 그런 교류 정도로 양쪽을 파악하기란 무리가 있으며 하지 않은 것보다 못한 남북의 정치적 환경을 만들어 냈다.

또한 분단 60년의 상황에서 양측은 너무나 많은 불신과 증오로 가득 차 있는데, 이를 해소하는 데도 상당한 시간이 걸릴 것이다. 그렇다고 해서 지속적인 분단만을 주장할 수만은 없는 것이다. 한쪽이 다른 한쪽을 조금 못산다고 해서 또는 이념이 다르다고 해서 얕보거나 무시해서는 어떤 균형도 찾을 수 없다.

더군다나 자존심만 남아있는 북한에 무조건 개방을 요구하며, 핵을 포기하고 국제사회에 나오라고 하는 것은 우리만을 고려한 대책없는 욕심에 불과하다. 물론 핵이 정당하게 용인된다거나 북한의 현재의 상황이 옳다는 것은 절대로 아니다. 슬기롭게 이 문제를 풀어나가야 한다는 뜻이다. 그것은 강압이 강압을 낳고 강제가 강제를 낳는다는 사실을 잊지 말아야 한다는 뜻이기도 하다.

예를 한번 들어보자. 부모가 어린애가 무엇을 사달라고 졸라댄다고 해서 항상 강압적으로 그 일을 못하게 한다면 그 순간은 지나갈 수 있을지 몰라도 그 방법은 오래 가지 못한다. 그 강압적인 방법에 길들여지면 그 분위기와 환경을 빠져나가기 위해서 또 지능적인 다른 방법을 사용하여 부모를 압박할지 모르기 때문이다. 북한이 당장 손들고 다 버리고 살려달라고 할 수 있는 입장이 아닌데, 한국 정부는 항상 우리의 입장에서만 북한을 판단하려 했다.

이미 남북한이 UN 가입국가인데 우리는 아직 북한을 하나의 집단으로 치부한다. 우리가 북한을 얕보면서 대응한다면 그들도 우리에게 똑같은 입장으로 응대한다는 사실은 너무나 당연하다. 우리 정부가 북한에게 핵을 포기하라고 해서 이미 핵을 포기하고, 개혁 개방하라고 해서 북한이 개혁 개방으로 나왔다면 그것은 아마 벌써 그렇게 되었을 것이다. 한반도는 4대 강대국의 각축장이다. 단순히 남북한의 문제로 한반도를 보는 것은 위험한 발상이다. 이런 때일수록 한국은 슬기로운 대처법을 찾아야 한다. 그것은 교류와 협력이 주가 되는 포용정책이라고 생각한다.

강경한 대응은 되려 북한을 자극하는 원인이 된다

나는 북한을 김일성을 믿는 종교국가로 보아왔다. 북한은 다른 사회주의 국가에 비하여 다른 특성을 보이고 있다. 1980년대 말 많은 동유럽국가들이 붕괴되면서 많은 서양학자들은 북한도 그 예외가 아닐 것이라고 생각했다. 하지만 그 예상은 완전히 빗나갔다.

내가 북한을 종교국가로 보는 이유는 아주 간단하다. 종교의 특성은 외부의 박해에 더욱 견고하게 뭉치는 힘을 가지고 있기 때문이다. 북한에 대한 압박을 북한을 붕괴시키는 첩경으로 이해하는 사람들이 많다. 하지만 그것은 북한을 너무나도 모르고 접근하는 것이다. 북한을 다루려면 전략적으로 대화를 통해 그들을 포용해가는 능력을 갖추어야 한다. 여기서 포용이란 그들과 지속적으로 교류하면서 우리가 그들 사회를 보고, 그들이 우리 사회를 보도록 만드는 것이다.

동시에 개성단지처럼 남과 북의 직원들이 함께 같은 직장에서 일하면서 교류하고 서로의 몰랐던 것들을 알게 만들고, 무조건 남한이 잘 산다는 것을 강조하는 것이 아닌 그들 스스로 남한이 잘 산다는 것을 느끼게 하며, 그들 스스로 경제적으로 살 수 있는 힘을 길러주는 것이 급선무이다. 하지만 반대로 북한에서 못사는 이유가 미국과 남한 때문이라고 여긴다면 북한 주민들의 남한에 대한 정서는 더욱 큰 증오심으로 바뀌어 극단적 행동으로 분출될 수밖에 없는 것이다.

포용적 대북정책을 다시 생각한다

나는 진정으로 품어나가는 정책을 대북정책에 적용해야 한다고 생각한다. 포용정책은 햇볕정책을 포함하면서 북한에 적대감을 주지 않는다. 대한민국의 대북정책은 정권에 따라 시대에 따라 변화해 왔다. 60~70년대 해외에서 남한사람이 북한사람을 만나면 피했다. 자신감이 없었기 때문이다. 70년대 초까지만 하더라도 북한이 남한보다 더 잘 살았기 때문이다. 하지만 시대는 바뀌어 80년대부터는 우리의 대북정책에 자신감이 생기기 시작했고 북한보다 몇 십배 잘 사는 국가로 성장했다. 현재는 북한이 우리의 경제력과 국력을 따라올 수 없을 만큼 뒤처져 있다. 하지만 이러한 남북한 국력의 차에서도 우리는 여전히 북한에 대한 공산주의 공포 communism phobia를 가지고 있다. 이런 분위기에서 아무리 좋은 대북정책이 나오더라도 우리가 북한에 당당히 설 수 없다.

포용정책은 국력과 경제력이 앞선 가운데 당당하게 북한과 교류하고 품어 나가는 정책이다. 우리가 북한에 무조건 준다고 하는 생각은 그리 옳은 것 같지 않다. 일종의 투자라고 봐야 한다.

이미 설명했듯이 통일을 위해서는 천문학적 자금이 투입된다. 이런 엄청난 통일 자금을 투입하면서 우리가 통일을 재촉하는 것은 남북한 서로에게 불편하다. 그렇다고 해서 남북한이 대치상태에 있는 것도 서로에게 불리하다. 왜냐하면 양측이 있을지도 모르는 전쟁에 대비, 전체 국가예산의 15% 이상(북한은 30% 이상)을 국방예산에 쏟아붓고 있기 때문이다. 더군다나 양측이 대치하면서 일촉즉발의 긴장감만 조성되어도 북한보다 경제력이 우수한 남한은 훨씬 불리한 입장이 된다.

이미 이런 현상은 연평도 피격이나 천안함 침몰사건에서도 증명되었다. 외국에서 보는 한반도는 아주 불안하다. 우리 국민은 이미 내성이 생겨 얼마나 위험한지 느끼지도 못하지만, 외국인들은 늘 전쟁이 도사리고 있다고 생각한다. 이런 상황이 되면 주가는 폭락하고 외국인 투자는 급격히 하강하게 되는 게 현실이다. 피해는 결국 고스란히 우리가 갖게 되는 것이다. 이런 상황에서 양측이 서로 화기애애하게 서로를 살려주는 정책이 필요한 것이다. 그것이 포용정책이다.

포용정책은 서로가 주고도 아깝다고 생각하면 그 순간부터 서로에게 도움이 되지 않는다. 그렇다고 해서 무조건 주는 것은 바람직하지 않다. 무엇인가 양측이 서로에게 배울 수 있는 방향으로 나가야 한다. 특히 북한을 남쪽이 먹여 살리는 것이 아닌, 북한 스스로가 먹고 사는 방법을 터득할 수 있도록 지원해야 한다. 기술을 지원하고 그 기술로 스스로 자생할 수 있는 방법을 알게 해야 동시에 양측에게 도움이 된다는 뜻이다.

한국은 이미 인건비가 비싸 외국인 근로자들이 급격히 늘어나는 추세로 많은 사회적 문제가 되고 있다. 이런 상황에서 언어도 통하고 기술력도 우수하며 인건비도 저렴한 북한의 동포들을 각종 사회적 노동에 투입한다면 양측이 서로 공생하는 방법이 될 것이다. 또한 북한에 엄청나게 매장된 각종 천연자원과 희토류 같은 희귀자원의 공유를 통해 양측이 서로 잘사는 국가로 만들어야 하는 것이다. 이런 상황이 된다면 북쪽이 무조건 받기만 하고, 남쪽에게는 아무 것도 도움이 안 된다는 말은 나오지 않을 것이다.

남과 북이 함께 공생, 공영, 공의하는 것은 서로에게 도움이 되어야 한

대학시절 5·18광장에서 민주·통일을 외치다

다. 즉 양측의 장점을 잘 살려 서로가 살아가고 통일하는 데 긍정적인 측면으로 활용하자는 것이다. 이런 방법이 된다면 통일을 위한 엄청난 자금을 줄일 수 있을 뿐만 아니라, 북한이 자생하는 방법을 통해 어느 정도 균형적인 남북한의 경제적 조건을 구성할 수 있지 않을까 생각한다.

동시에 이런 경제적인 교류를 하면서 사회적인 각종 인적 교류를 강화하여 양측의 이념적, 적대적 관계를 하나씩 줄여나가는 것이 중요하다. 이미 앞에서도 논한 바와 같이 경제적 교류보다 통합을 위해서는 사회적인 갈등을 극복하는 것이 무엇보다 중요하다는 점이다.

사회적으로는 관광, 스포츠, 각종 문화 교류를 통해 양측이 오랫동안 분단을 통해 생겨난 각종 갈등과 증오를 없애는 것이다. 이런 방법을 통하면 처음에는 약간의 오해가 있거나 문제가 생길지라도, 시간이 지나고 교류가 안정화 되면 서로를 이해하면서 함께 발전하게 될 것이다.

이게 바로 포용정책의 핵심이다. 남한이 오늘날 이렇게 국력을 키우고 경제력을 키운 것은 북한이라는 경쟁자가 있었기 때문으로 볼 수도 있다. 물론, 지금은 경쟁자라는 표현보다 우리의 형제라고 생각하고 그들이 살아야 우리가 살 수 있다는 생각으로 전환해야 한다.

남한과 북한은 피를 나눈 형제 사이이다. 포용정책을 통하여 진정한 형제의 자리로 돌아와야 하는 것이다. 그리고 그런 교류를 통하여 진정한 통합과 통일로 나간다면, 코리아는 세계에서 유래를 찾아볼 수 없는 가장 위대한 국가로 변모할 것이라는 사실을 나는 너무나 잘 알고 있다.

통일한국은 특별한 나라

역사학자 아놀드 토인비는 이집트의 나일강을 중심으로 발현한 문명권이 그리스 로마, 영국을 거쳐 미국을 중심으로 꽃을 피웠으나 서구문명은 아시아문명권으로부터 많은 것을 받아들여야 한다고 했고, 영국의 줄리어스 노리치 경은 앞으로 로마반도와 유사한 동양의 반도에서 새로운 문명이 시작될 것을 확신한다고 주장했다. 조지 W 부시 전 미국 대통령도 최근 상하이에서 열린 보아스 포럼 연설에서 세계의 중심이 아시아로 이동하고 있다고 하였다. 설용수 선문대 교수도 칼럼집《팍스 코리아나-한국인 시대가 온다》에서 반만년 고난의 역사를 살아온 우리 한국이 다가오는 환태평양 문명권의 중심국으로 떠오를 것이라고 확신에 찬 주장을 펼치고 있다. 다시 말해 미국이 주도하는 팍스 아메리카나 시대가 그 소임과 한계를 다하고 팍스 코리아나 시대가 온다는 것이다. 그는 또 외적으로는 한국전쟁의 폐허에서 일어나 현재 세계 10위권의 막강한 경제대국이 되어 있고, 내적으로는 세계 2대 사조인 신본주의(히브리사상)와 인본주의(헬라사상)가 남과 북을 중심으로 결집되어 있으며, 기독교의 재림주, 불교의 미륵불, 유교의 진인이 동방의 나라로 온다고 하였으며, 우리 민족의 예언서인 격암유록, 정감록에서는 정도령이 이 나라로 온다고 하였다. 인도의 시성 타고르, 중국의 석학 임어당, 미래학자인 허만 칸 등은 '한국은 영적 세계의 중심이 될 나라'라고 하였다.

4대 강국과 '팍스코리아'

한국은 미국·일본·중국·소련이라는 4대강국에 둘러싸여 있다. 이러한 지정학적 여건은 결국 코리아의 분단으로 한반도에게 더더욱 불리한 여건이 되었다. 그런데 이를 역설적으로 원용하면 남북통일이야말로 세계의 4강을 리드할 '팍스 코리아'의 비전을 담을 위대한 기회가 되고 있기도 하다. 이런 면에서 지구상 마지막 남은 분단국가인 한국의 통일문제는 세계문제를 해결하는 열쇠로 활용될 수 있다. 따라서 남북통일은 남과 북의 어느 한쪽의 주장이나 이념에 의해서는 불가능하다. 통일 이념은 남과 북의 모든 구성원이 흔쾌히 수용할 수 있는 가치를 지니고 있어야만 한다.

1980년대 세계사적인 냉전 종식으로 이미 이념의 시대는 저물고 있다. 그리고 이제 이념 문제는 고리타분한 과거사로 치부되고 있다. 다만 이념 문제는 아직도 주체사상을 신봉하는 북한의 체제를 이해하고 해결해야 하는 문제로 남아있다.

2011년 9월

통일비용, 이렇게 하자

"통일은 반드시 옵니다. 그날을 대비해 이제 통일세 등 현실적인 방안
도 준비할 때가 되었다고 생각합니다."

―이명박 대통령 2010년 8·15 경축사 중

지난해 8·15 경축사에서 이명박 대통령이 밝힌 통일세에 관해 민간기
관에 위탁한 중간 연구결과 20년 후 통일이 이뤄진다고 가정하면 최소 55
조 원, 많게는 249조 원 정도가 필요하다고 발표했다. 하지만 조사 때마다
비용은 상당한 차이를 보이고 있다. 국민들은 통일비용에 대한 정확한 정
의와 통일비용의 투입시점에 대한 이해도 불확실하다. 발표 때마다 달라
지는 통일비용의 범위도 논란의 여지가 되고 있다.

통일비용은 결국 국민들의 세금으로 충당되어야 하는데 국민들이 알
고 있는 통일비용에 대한 내용은 먼 나라 얘기에 불과하다. 이런 상황에
서 나는 국민들에게 통일비용에 대한 정의와 내용, 그리고 사용의 범위,
액수와 재원 마련 방법 등이 잘 전달될 필요가 있다고 생각한다. 특히 통

일비용이 논의되기 전에 통일이 어떠한 형태로 진행될 것인가에 대한 정부의 정확한 입장이 있어야 한다. 통일비용은 통일의 형태에 따라 차이가 있으며 투입되는 규모나 액수도 실제적으로 큰 변화가 있기 때문이다.

우리나라 통일비용 적용방법은 독일의 통일 과정에서 통일의 주체인 서독이 동독과의 통합을 위한 경제적·사회적 비용을 재정적으로 규모화한 것을 기준으로 하고 있다. 하지만 이런 기준은 참조는 되겠지만 남북한 상황이 독일과는 분명한 차이가 있음을 이해할 필요가 있다. 우선 독일 통일은 경제적으로 월등한 서독이 동독을 정치적으로 흡수통일하는 강제적인 방법을 사용하였다. 그리고 이런 방법은 경제적 우위만으로 정치·사회적인 갈등을 고려하지 않고 일방적으로 흡수 통일됨으로써 본래 상정된 비용보다 훨씬 많은 액수들이 투입된 경우이다. 즉 비용의 천문학적 증가는 정치 사회적 각종 갈등 비용을 고려하지 않은 채, 경제적 복원만 고려한 부분이라는 사실이다. 만약 양측이 점진적인 교류를 통해 정치 사회적 갈등을 최소화하고 경제적인 기반 시설들도 단계적인 과정을 밟아 통합을 진행했다면, 비용은 대폭 축소될 수 있었을 것이라는 점을 염두에 두어야만 한다.

그래서 독일의 흡수통일을 기준으로 계산한 통일비용과 점진적이고 절차적인 방법을 통해 진행되는 통일비용은 상당한 차이를 보일 수 있다. 예를 들어 남북한이 통일 전 포용정책을 통하여 남북 간 다양한 경제적 민간교류를 국가가 지원하고 각종 사회, 문화, 스포츠적 측면에서 사회적 교류들이 증가한다면 오래된 분단으로 인한 갈등들을 자연스럽게 해소하는 좋은 본보기가 될 것이다.

즉 국가의 전폭적인 남북교류 협력사업의 지원을 통하여 국내 뿐만 아니라 국외에서 투자되는 다양한 민간기업이나 개인의 북한 투자가 증가되면서 장기적이고 지속적인 통일비용을 줄이는 효과를 가지고 올 수 있는 것이다. 이런 논리로 본다면 통일 전 분단국가에서 경제적 우월성을 가진 국가가 취하는 교류와 통일 방식은 대단히 중요한 의미를 둔다고 볼 수 있다.

이명박 정부의 통일비용의 한계

이명박 정부는 점진적이고 단계적인 통일을 준비하며 그런 변화를 대비해 통일비용을 고려하고 있다고 항상 말하지만, 실제적으로 남북한 간 교류는 전무한 상태이고 이전의 남북교류 협력업체들은 이미 문을 닫은 지 오래다. 즉 현 정부의 통일비용의 준비와 통일형태의 준비는 서로 모순성을 가진 상황이 되고 말았다. 또한 현 정부에서 자주 논하고 있는 북한의 비상상황에 대한 대비는 남북한 간 분단을 더욱 가속화하고 고착시키는 논리로 전락되고 말았다. 독일과 같은 강제적 흡수통일이나 북한 권력의 비상사태를 염두에 두고 통일비용을 상정하고 있는 것은 큰 문제가 아닐 수 없다.

이런 경우 통일비용의 투입은 천문학적이며 통일 후에도 끊임없이 비용 투입이 불가피하다. 즉 경제적 복원 비용 이외에도 정치적이고 사회적인 통합을 이루는 데 상당한 갈등 치유 비용이 지속적으로 투입되지 않으면 안 된다는 것이다. 그 이유는 그간 어떤 교류도 진행되지 않아서 갈등은 더욱 증폭되고 그만큼 시간과 비용적 측면은 증가된다.

더군다나 현재의 정치적이고 사회적인 갈등이 경제적 투입만으로 완전히 해결된다는 보장도 없을 뿐만 아니라 얼마의 시간이 더 걸릴지도 모르는 막연한 대비는 큰 문제가 아닐 수 없다. 왜냐하면 완전히 다른 두 체제에서 생활하던 양측이 사회적 갈등을 극복하는 과정은 훨씬 많은 시간이 소요되는 복잡한 사안이기 때문이다.

독일은 1990년 10월 3일 정치적으로 통일이 되었지만 실제적으로 현재까지 통합을 위한 사회적 갈등을 치유 중이며, 통일 후 10년 이후까지 그런 갈등의 사회적 비용은 여전히 진행형이었다. 바로 현 정부의 통일비용 논의와 통일형태의 논의는 서로 부정적 관계성을 가지고 진행되고 있다는 한계가 있다. 북한이 남한 정부에서 요구하는 모든 것을 포기하고 국제사회에 나왔다면 벌써 나왔을 것이다. 이런 북한의 상황을 잘 알면서 북한에게 요구만 하는 것은 시간적인 낭비이다. 동시에 양측의 오해는 되려 깊어만 간다. 현재 상황에서 할 수 있는 것과 없는 것을 정확하게 구분하여 진행하는 합리적인 교류협력 방식을 모색해야 한다. 그래야 작은 교류협력을 통해 좀 더 실제적이고 진정성 있는 정치적 타결점을 찾는 것이 용이해지기 때문이다.

지속적 포용정책으로 통일비용을 줄여야 한다

이런 상황에서 남북통일의 형태는 통일비용의 추산과 깊은 연관성이 있으며 사회적 갈등 치유를 위한 기간 설정에 있어서도 대단히 중요한 항목이 아닐 수 없다. 즉 경제적 우월성만으로 북한을 강제적으로 흡수통일하거나 또는 북한의 권력 누수를 통한 비상상황을 초래, 북한을 붕괴시켜 남한이 강제적 통일을 만들어야 하는 상황과, 아니면 지속적인 포용정책으로 남북교류를 통하여 남북한 간 통수권자의 정치적 협상으로 통일을 이끌어 나갈 것인지 통일의 형태와 방법에 따라 그 비용은 엄청난 차이를 갖게 될 것이다.

북한 붕괴나 경제적 우월성만으로 진행되는 일방적이고 갑작스런 통일은 남북한 양측 다 큰 어려움에 직면할 가능성이 크다. 그 이유는 북한 붕괴나 비상사태의 예상이 힘들며, 만약 사태 발생 시 엄청난 탈북자들이 국경을 넘어 남쪽으로 밀려오는 경우 대한민국 사회에도 치명적인 혼란으로 다가올 수 있기 때문이다. 80년대 말 동유럽 사회주의 국가들의 붕괴와 94년 김일성 사망 이후 많은 서구학자들과 국내 보수학자들은 북한도 조만간 붕괴할 것이라 예상했다. 하지만 그런 예상은 보기 좋게 빗나갔고 현재까지 여전히 북한은 존재하고 있고 정권도 3대를 넘겨 승계 정치를 이어나갈 준비를 하고 있다.

그리고 그 이후 거의 20년 정도가 흘러갔다. 이런 경우 북한의 붕괴시기나 경제적 피폐로 북한이 남한에 흡수통일 당할 수 있는 시기 산정은 불가능해진다. 그래서 이런 조짐이나 예상 불가능한 통합 시기를 두고 통일비용을 산정하는 것은 대단히 불합리해질 수 있다. 따라서 가장 좋은 방법은 포용정책을 통한 남북한 간 지속적인 교류를 통하여 북한의 경제 성장과 통일을 위한 남북한 사회적 통합을 장기적으로 계산하면서 통일비용을 추정해내야 한다는 것이다. 이런 방법을 통한다면 최소한의 통일비용으로 극대화된 통합의 효과를 마련할 수 있기 때문이다.

통일비용 이상의 경제적 이익을 생각하라

흔히 국민들은 통일비용을 소모성 비용으로 인식하는 경우가 태반이다. 즉 못사는 북한을 돕기 위하여 국민들에게 강제로 걷어지는 세금 정도로 알고 있다는 것이다. 그것은 전적으로 정부의 책임이다. 정부가 통일비용을 소비적 측면으로만 국민들에게 부각시키고, 진정한 선진 복지 대국 진입을 위한 건설 비용의 측면에서 국민들에게 홍보하지 않은 것이 문제라는 것이다. 그리고 극우 보수 단체들이 북한 붕괴를 원안으로 하는 흡수통일적 관점에서 통일비용을 논했기 때문에 온 오해인 것이다.

그러므로 정부는 통일비용의 양을 논하기 전에 통일로 인해 오는 각종 경제적 이익을 실질적인 데이터를 통해 국민들에게 적극 홍보할 필요가 있다. 즉 통일비용이 단순히 저개발 상태의 북한 경제를 살리는 비용으로만 투입되지 않고, 현재 한국 기업의 국제적 현실과 안보 등 각종 문제를 극복하는 차원에서 필요하다는 점을 강조해야 한다는 것이다.

예를 들면 저렴하고 우수한 북한 인력들을 한국의 많은 중소기업들에서 활용할 수 있고, 4천조가 넘는 북한의 다양한 자원들을 사용할 수 있으며, 자유로운 왕래가 이루어지면 러시아와 중국으로 오가는 각종 물류비용이 절약되는 이점이 있다.

또한 현재 저렴한 임금과 각종 혜택을 찾아 외국으로 떠나는 국내기업들을 북한 지역에 재배치함으로써 북한의 기술력과 북한 주민의 생활수준을 끌어올리고, 남한 기업들도 저렴한 인력으로 경쟁력 있는 회사로 성장할 수 있는 기반을 마련할 수 있다. 동시에 남한 기업의 북한 전역 진출로 남북한 정서적 교감이 이루어져 분단으로 인한 각종 오해나 갈등들을 사전에 조정하여 내적 통일에 박차를 가할 수 있게 된다. 이는 결국 정부에서 말하는 천문학적인 통일비용이 상당히 축소되는 결과로 이어질 것이다.

통일비용의 사용은 남북한 지속적 교류협력을 통하여 정치 경제 사회적인 통합과 통일로 가는 시점에서 결정될 것이다. 정부는 이런 측면에서 부정적이고 소비적인 통일비용의 재원마련이 아니라 긍정적이고 건설적인 차원에서 통일비용이 쓰이게 될 것이라는 명분을 국민들에게 심어주고 이로 인하여 남북한 양측이 공생 공영할 수 있는 중요한 종잣돈Seed Money이 될 수 있다는 명분을 설명해주어야 한다.

좀 더 구체적으로 예를 들어보자. 현재 50조에서 250조 정도로 예상되는 엄청난 통일비용을 통일 후 갑작스럽게 투입하는 것이 아니라, 통일 전 북한(남포, 신의주, 개성, 원산 등)에서 남북한 노동자들이 함께 생산하고 수출하는 산업단지를 조성한다면 통일 관련 사회적 갈등비용을 대폭 줄일 수 있을 것이다. 여기에 국민 세금뿐만 아니라 국내 민간기업이나 외국기업들의 북한 투자를 유도한다면 통일비용의 대폭 축소도 가능할 것이다.

통일을 어떻게 할 것인가?

남북통일이 언제 올 지 아무도 모른다. 하지만 우리의 노력에 의해서 통일을 앞당기거나 늦출 수도 있다. 통일비용의 투입은 불가피하다. 하지만 무작정 대책 없이 통일비용을 산정하는 것은 남북 양측을 위해 도움이 되지 않는다. 결국 양측이 얼마나 책임있는 행동을 하느냐에 따라 천문학적 비용을 낭비하느냐, 비교적 적은 통일비용으로 건설적이고 생산적인 상황도 만들어 낼 수 있는가를 결정지을 수 있을 것이다.

결론은 한가지다. 북한의 붕괴나 비상사태를 기다렸다가 흡수통일을 통해 통일비용을 사용할지, 아니면 지속적인 교류와 협력을 통해 북한을 어느 정도까지 경제수준을 높인 다음 본격적인 통일비용을 사용할지는 어디까지나 우리의 선택에 달려있다는 것이다.

　통일은 적어도 3,40년을 내다보고 착실히 준비해야 한다. 그런 의미에
서 이제 우리도 먼 훗날 언젠가는 이루어질 통일을 위해 십시일반의 정
신으로 그 기금을 모아 그날을 대비해야 할 것이다. 통일세 문제는 정치
적이고 정권적 차원도 아닌 우리 민족 전체의 차원에서 접근해야 할 문제
다. 범국민적으로 '통일'이라는 큰 틀 안에서 심사숙고하여 그날을 준비하자.

2011년 10월

하늘의 위대한 선물

-나의 천사 어머니

어머니와 함께 한

유년의 기억은 사랑의 젖줄이다

이런 어머니가 없었다면

험난한 모험을 끝내고도 돌아가 쉴 곳이 없는

오디세우스와 같았을 것이다

어머니의 고귀한 헌신은 지금도 내마음을 움직이는

향기이자 내 힘의 원동력이다

마음의 고향, 어머니

어릴 적 내가 살던 고흥군 도양읍 봉암리 동봉마을에는 우물이 하나 있었다. 마을 한가운데 모여 함께 물을 길어 마시는 고향마을 사람들은 모두 한 식구였다. 골목길을 지나다가 담장 너머로 고개를 내밀면, 앞마당 누렁이에서부터 뒤란에 있는 장독대와 가재도구며 농기구들까지 거울처럼 훤히 보여서 집집마다 밥숟가락이 몇 개인지 서로 알 정도였다. 주인이 없는 집이라도 무엇이든 거리낌없이 빌려 쓰고 제자리에 다시 걸어두면 아무런 허물이 되지 않았다. 부유하거나 가난하거나 서로 내어주고 보듬는 일이 그만큼 자연스러운 공동체였다. 그 시절 어디에나 있었을 법한 평범한 마을이면서도 어느새 지금 우리에게 아득한 옛 이야기처럼 잊혀져 버린 마을이다. 그곳에 내 어머니의 옛 이야기와 오늘 나의 이야기가 무지개 빛처럼 채색되어 있다.

웬일인지 어머니만 생각하면 병인 듯 마음 한 켠이 저려온다. 고향마을에서 평생을 사신 어머니의 손에서는 늘 고향의 흙냄새가 났다. 자식들을 가르치기 위해 빌린 땅을 일구느라 땀에 젖은 어머니의 황토빛 런닝구는 늘 허연 소금기가 배어 있었다. 컴컴하게 날이 저물어서야 집에 돌아온 어머니는 찬물 한 사발에 찬밥 한 덩이를 말아 드시고는 고단함을 느낄 새도 없이 곯아 떨어지시곤 하셨다. 그러나 그렇게 곤히 잠든 날 새벽에도 어머니는 어김없이 마을 우물로 향하셨다. 추운 겨울 눈보라 속에서도 예외가 아니었다. 얼어 있는 얼음물을 조심스럽게 깨고, 두레박으로 물을 길어올리셨다. 그 물로 앞마당에서 냉수 목욕을 한 다음, 장독대에 정화수를 올려놓고는 무언가 간절히 비셨다. 어머니는 어떤 일이든 시작하시면 마음을 다하고 정성을 다하시는 어른이셨다.

평생 고향 하늘을 이고 지며 살아온 어머니는 하늘만큼이나 포근했다. 엄동설한에 온종일 눈을 맞으며 썰매를 타는데 정신이 팔려 바지를 적시고 가랑이에 고드름을 주렁주렁 매단 채 들어온적이 있었다. 손발이고 뺨이고 꽁꽁 얼어 집에 들어오면 어머니는 아무 말 없이 아랫목으로 나를 밀어 넣어주셨다. 잠깐 몸을 녹이고는 어머니가 손 바느질한 새 바지를 입고 나가 캄캄해질 때까지 얼음판 위를 매일 뒹굴어도 나무라지 않으셨다.

어머니만 있으면 아파도 걱정이 없었다. 어머니가 혀로 내 눈을 핥아주면 쑤시고 따갑던 눈도 금방 시원해졌고, 온몸에 난 두드러기는 몸에 소금을 뿌리고 부엌 바닥에 피운 썩은 짚불 연기를 찍어 발라주면 가려움이 가라앉았다. 열이 오르면 삼베를 적셔 밤새 이마를 닦아주셨다. 내 어머니는 철없는 나를 이해하고 치유하는 힘이었다.

농사짓는 사람들에게 겨울은 안식의 계절이지만 어머니는 한겨울에도 참기름을 짜고 호박고지 조금, 무말랭이 조금, 시래기 삶은 것 몇 줌을 늘 머리에 이고 내다팔아 어려운 살림에 보태야 했다. 한겨울 거친 바다 바람을 맞으며 김발을 들어 올려 김을 채취하고, 매생이를 뜯어 내다 팔았다. 여느 때 물기를 머금어 꽁꽁 얼어붙은 매생이를 어머니 혼자 힘으로 도저히 머리에 일 수 없어 잠든 나와 형을 깨워 매생이 다라를 머리에 올려달라고 부탁하시곤 하셨다. 철없던 우리형제는 깊은 단잠을 깨우는 그 일을 무척 귀찮아 했었다. 지금 생각하면 한 없이 부끄럽고 죄송한 마음뿐이다. 사실 어머니께서도 왜 귀찮지 않으셨겠는가? 어머니도 천생여자로 연약하고 여린 마음을 가지셨을텐데 그때 그마음을 헤아려 드리지 못한 이 못난 자식을 그처럼 아끼셨던것을 생각하면 눈물이 핑 돌 뿐이다. 한번은 나도 어머니와 함께 매생이를 이고 십 리 길 새벽 장을 나섰는데 얼마 못 가 목이 빠질 듯한 고통에 머리까지 지끈지끈 아파서 혼이 났다. 그런 삶을 평생 살아오신 어머니는 고생스럽다는 내색조차 없으셨고 공부를 잘해야 한다느니 훌륭한 사람이 되어야 한다느니, 부모라면 누구나 다 갖는 바람조차 내비치신 적이 없으셨다. 어머니는 아무 말없이 그 둥근 등을 내밀어 나를 더 큰 세상으로 실어 내며 꿈꾸게 하셨다. 내 어머니는 누가 뭐래도 시린 사랑이며 시들지 않는 푸르른 꿈이었다.

어머니는 고향 마을의 부녀회장을 10여 년을 맡아 하셨다. 지금 생각컨대 어머니의 허리춤에는 언제나 마을 열쇠 몇 개가 매달려 있었다. 그래서 어머니가 걸으실 때마다 쩔겅쩔겅 열쇠 부딪치는 소리가 났다. 감자를 찌고 밀가루 팥죽을 쑤어도 늘 마을 사람들이 먹을 만큼 넘치게 마련하여 나누는 일에 익숙하셨다. 그러다 보니 우리 집은 자연히 동네 아낙네들이 모이는 사랑방이 되었다. 마을 사람들은 각자 가슴 답답한 사연들을 가지고 마늘 밭 옆 우리 집 대문을 열고 들어섰고 어머니는 언제나 따뜻한 낯으로 이야기를 들어주었다. 사람은 누구나 다 소중하기에 마을 사람 하나하나를 귀히 여긴 어머니는 그들의 아픔을 내 아픔처럼 나누고 그들의 심중을 올곧게 읽어내는 맑은 심성을 가지셨다. 어머니는 이웃과 공감하고 소통하며 나누는 사랑방이었다.

시골에서 농사를 지으면서 가장 어려운 일은 논밭을 가는 일이다. 소가 있거나 남자들이 있어야 논밭을 갈 수 있지만, 어머니와 혼인한 지 두 해가 채 못 되어 이웃 마을 저수지 공사장에서 사고를 당한 아버지는 거동이 불편하신데다 정신까지 온전하지 못하셨다. 아버지를 대신해 농사를 지어야 했던 어머니는 가까운 이웃의 도움을 빌어야 했다. 그럴 때마다 어머니는 한나절 품앗이를 받으면 하루 일을 해주었고, 하루 품앗이를 받으면 이틀씩을 꼭 채워 품삯을 갚곤 하셨기에 마을에서 우리 집은 늘 신용이 높았다.

늘 밝고 넉넉하셨던 어머니는 햇빛이 잘 드는 양달을 좋아하셨다. 더운 날에도 시원한 그늘보다 햇빛 비치는 밝은 마당에서 일하기를 좋아하셨다. 그리고는 입만 여시면 응달을 보지 말고 양달을 봐야 한다고 말씀하셨다. 응달을 타고난 사람도, 응달에 잠시 선 사람도 양달 쪽으로 고개를 돌리려고 노력하는 데서 밝은 앞날이 오는 법이라고 지금 생각하면 나름의 철학을 말씀하셨다. 그리고 무엇을 했느냐보다 어떻게 살았느냐가 더 중요하다고 하시면서 삶을 뒤돌아 보게 하셨다. 어머니는 내게 있어서는 신앙이자 햇빛 가득한 양달이었다.

오래된 고향의 햇살 아래서 밭을 갈고 씨를 뿌리고 토란대를 다듬고 알밤을 줍고 배추를 가꿀 뿐 그 열매를 당신 위해 들지 않으시던 어머니는 내가 미국 유학 중이던 1994년 9월 한 줌 흙으로 돌아가셨지만, 지금 제 안에는 고향과 그 하늘 아래 살아 오셨던 어머니가 여전히 깃들어 있다.

자식을 위해 모든 것을 내어주고 두 개의 까만 젖꼭지만 남은 어머니! 언제나 양달에 서서 먼저 아끼고 이해하며 진심으로 소통하고 정성을 다하셨던 어머니, 마을 사람 모두 한 식구처럼 나누고 보듬으며 살았던 내 고향 마을은 따뜻한 세상을 만들어가고 있는 내 삶에 스며있는 가장 든든하고 넉넉한 자산資産이다. 이것을 밑천으로 나는 정의로운 사회, 행복한 국가를 꿈꾸며 힘찬 발걸음을 내딛는다. 우리 사회의 어둠을 이겨낼 수 있는 힘이, 이러한 자산 속에 있음을 믿으면서 말이다.

이제 시작하는 내 어머니의 옛 이야기가 먼 길 떠나는 나에게 든든한 기도가 되리라 믿는다. 오늘도 어머니는 아들을 객지로 떠나보내며 언제나처럼 멀리 고갯마루 춤에서 어서 가라고 손짓하며 오래오래 그 자리에서 계시는 것만 같다.

옥천 조씨 조철남

어머니의 이름은 조철남趙澈南이시다. 전라남도 승주군 한실 조씨 집안의 장녀로 나셨다. 큰 기와집에 행랑이 열두 채, 하인 수십여 명을 거느린 외가는 호남 지방에서는 이름난 부자였다. 조씨 집안의 장녀인 어머니는 한양에서 유학하신 외할아버지 밑에서 책을 가까이하며 자랐다. 편안하고도 풍요로운 유년시절이었다. 평생을 가난 속에서 등이 휘도록 힘겹게 살아오신 어머니가 다시는 누려보지 못한 이 평화롭고도 풍족했던 유년의 기억은 안타깝게도 열두 해를 채 넘기지 못했다.

어머니가 열두 살 되던 해의 어느 날, 외가에 원인을 알 수 없는 큰 불이 났다. 불길이 치솟고 여기저기 기와가 튀면서 집 전체로 옮겨 붙어 순식간에 모든 것을 집어삼켰다. 하루 아침에 모든 것이 잿더미로 사라져 버렸다. 몇 년 후에는 장가든 삼촌까지 행방불명이 되어 유명을 달리하셨고, 그 이후 삼촌의 딸마저 다른 집으로 들어가 성을 바꾸는 바람에 옥천 조씨 내 외가는 결국 대가 끊기고 말았다. 그렇게 어머니의 고생스럽고 힘겨운 삶이 시작되었다.

어머니는 빈손으로 전라도 승주를 떠나 반^半어촌 마을인 고흥까지 흘러오게 되었다. 쇠락한 외가에서 자라면서 어린 시절 부모님과 동생들을 위해 집집마다 동냥을 다니셨다. 그럴 때마다 어머니는 '부유했던 친정댁 어르신들이 가난한 사람들의 마음을 더 살피고 생각하지 못했던 것은 아니었나.' 하는 생각을 가지시게 되었다. 후에 어머니는 외증조부가 풍족했던 때 주위에 더 베풀었어야 했다고 입버릇처럼 말씀하시곤 하셨다.

외가는 어린 어머니의 남편이 될 사람의 집안으로부터 도움을 받으면서 부부의 인연이 만들어졌다고 한다. 당장 먹을 것, 입을 것이 걱정이었는데, 친할아버지를 비롯한 어른들을 통해 식량과 일자리 등을 얻으면서 인연이 시작된 것이다.

일가 어르신의 주선으로 어머니는 아버지와 혼례를 올리게 되었다. 열세 살이라는 나이 차이에다가 상처喪妻 후 새장가인 줄도 모르고 열일곱 살의 어머니는 혼수 대신 책 몇 보퉁이를 싸가지고 시댁에 들어왔다.

어린 새색시 앞에는 미처 생각지 못한 많은 어려움들이 기다리고 있었지만, 어머니는 조철남이라는 이름처럼 씩씩하게 인내심을 가지고 용감하면서도 따뜻하게 그 가난과 어려움들을 평생의 삶으로 품어 보이셨다. 단 한 번도 뒤돌아서거나 주저하지 않았던 어머니의 삶은 지금도 나에게 지표가 되어 주시고 계신다.

든든한 형제들

혼인한 지 몇 해 지나지 않아 아버지는 이웃 마을 저수지 공사에 일을 하러 가셨다가 공사장 절벽이 무너지는 바람에 사고를 당하셨다. 함께 일하던 인부 네 명이 매몰되는 큰 사고였지만 체격이 건장했던 아버지는 구사일생으로 살아남으셨다. 사고 후 아버지는 후유증으로 거동이 불편해지신데다가 정신이상 증세를 보이기도 했다. 보상조차 제대로 받지 못한 채 수 년 간 병원 신세를 지면서 병원비는 눈덩이처럼 불어났고 집은 점점 더 가난해졌다.

어머니는 자식들을 키우고 시부모님과 친정 부모님을 함께 모시며 아버지를 대신해 농사일과 바다 일을 해야 했다. 시부모님마저 돌아가신 후에는 어머니 혼자서 모든 일을 감당하셨다. 젊다고는 하지만 여인의 몸으로 힘든 상황들뿐이었지만 어머니는 내색조차 하지 않으셨다.

그런 와중에 아버지는 술을 좋아하셨다. 저수지 사고로 생각과 몸이 불편해진 후에도 아버지는 언제나 술을 드셨고 우리 집은 조용할 날이 없었다. 어린 시절 나는 그런 아버지가 부끄러웠다. 특히 비 오는 날 기억은 지금도 선명하다. 어느 비 오는 날 아버지가 자리에 계시지 않아 아버지를 찾아나섰다. 그러던 중 술에 취해 바닷가 길바닥에 누워 계시는 아버지를 발견했다. 그러나 나는 차마 아버지를 부를 수가 없었다. 동네의 아이들이, 술에 취해 정신을 가누지 못하시는 아버지를 향해 돌팔매질을 하며 놀리고 있었기 때문이었다. 그렇게 아버지는 어릴 적 나에게는 부끄럽고 감추고 싶은 분이셨다.

내가 중학생이던 어느 날도 아버지는 잔뜩 술이 취해 내 등에 업혀 오셨다. 친구들이나 동네 사람들이 볼까 부끄러웠던 나는 아버지를 내려뉘이며 불효 막심한 생각을 가지게 되었다. "차라리 우리 아부지 돌아가셨으면 좋겠다."고 중얼거리고 말았다. 평생 가족들에게 짐이 되는 아버지, 부끄러운 아버지에 대한 분노가 내 안에 자라고 있었던 모양이다. 그러나 어머니는 그런 나를 엄한 얼굴로 바라보시면서 크게 꾸짖으셨다. 그것이 처음이자 마지막으로 본 어머니의 화난 얼굴이었다. 그때 어머니는 처음으로 내게 회초리를 들으셨으나 차마 때리지는 못하셨다. 회초리를 던지고 부엌으로 나간 어머니는 소리도 내지 못하고 눈물만 흘리고 계셨다. 생각해보면 하지 말았어야 할 말이라는 것을 잘 알면서 왜 그랬는지 통탄할 일이다.

그날 이후로 어머니는 그 일에 대해 다시는 이야기하지 않으셨지만, 아버지가 우리 곁에 살아 계시다는 것만으로도 얼마나 큰 힘이 되는지 어머니는 마음으로 내게 전해주셨다. 아버지의 못 다한 사랑까지 더해 우리를 보듬으면서 어머니는 아버지를 '아버지의 자리'에 세워주시려고 부단히 애쓰셨던 것이다. 이같은 어머니의 가르침 덕분으로, 이후 나는 아버지의 삶을 통해 '중심'의 역할이 얼마나 크고 지대한지 절절하게 깨닫게 되었고, 내적 고뇌를 통해 성숙할 수 있는 계기를 갖게 되었다.

가난한 살림에 마을 어른을 공경하고 양가 부모님을 모시면서 남편을 위해 산 어머니는 고흥군에서 주는 '장한 어머니상'을 세 번이나 받으셨다. 군청에서 주는 장한 어머니상이었지만 나는 속으로 열두 번은 더 어머니에게 장한 어머니상을 드렸다. 내 어머니가 살아 오신 삶 그 자체가 바로 '장한 어머니'이셨다.

아버지의 병환을 오랫동안 혼자서 보살피고 감당하기가 힘에 겨웠을 테지만, 어머니는 한번도 그 그늘을 보이지 않으시고 오히려 정성을 다해 남편의 건강과 자식들의 무사안일을 빌었다. 고요한 새벽마다 우리 집에서는 어머니의 반야심경 읽는 소리가 울려 퍼졌다. 새벽마다 어머니는 마을 사람들이 공동으로 쓰는 우물에서 정성껏 정화수를 길어 올리셨다. 집에 수돗물이 있는데도 새벽마다 동네 어귀 우물까지 가서 정화수를 떠오는 어머니의 마음은 어떠하셨을까? 어머니의 정화수는 우리 집을 환하게 밝히기를 바라는 간절한 소망이셨을 것이다. 자식들의 앞길을 부지런히 쓸어주고 열어주려고 손금이 닳도록 빌고 또 빌었던 어머니. 정작 어머니 당신을 위해서는 그 무엇도 빌어본 적이 없는 분이셨다.

어머니는 슬하에 육 남매를 두셨다. 육 남매 중에 막내인 나는 어머니에게 한 번도 매를 맞은 적이 없고 그 흔한 잔소리 한 번 들은 적이 없었다. 막내를 특별히 생각해서가 아니라 어머니는 자식들 누구에게도 매를 들거나 잔소리를 하지 않으셨다. 잘못을 하면 따끔하게 타일렀고 자식들 스스로 깊이 뉘우치고 깨달을 수 있도록 도와주셨다. 어떤 경우라도 따뜻하게 안아주는 어머니가 계시다는 것은 내게 큰 힘이 되었다.

어머니와 혼인할 때 아버지에게는 딸이 하나 있었다. 상처喪妻한 뒤 새장가를 드는 줄도 모르고 혼인한 어머니는 큰 충격이었을 테지만, 맏이인 큰 누님을 친 딸처럼 아끼고 보듬으며 키웠다. 내가 대학에 들어가 성인이 된 다음에야 그 사연을 알게 되었을 만큼 어머니는 자식들 모두를 하나같이 귀하게 여겼다. 먹고 사는 게 힘든 시절, 깜밥이나 찐 옥수수, 구운 고구마라도 생기는 날에는 나가있는 자식 몫을 챙겨 아랫목에 덮어두었다가 나중에라도 꼭 먹여주시곤 하셨다. 어머니는 열 손가락 깨물어 안 아픈 손가락 없다고 버릇처럼 말씀하면서 맏이라고 혹은 막내라고 더 위하는 법이 없으셨다.

육 남매는 모두 공부를 곧잘 했지만 가정형편이 어려운 탓에 학업을 중단해야만 했다. 형님과 누님들 모두 객지에 나가 돈을 벌면서 어렵사리 검정고시를 치르며 학업을 이어갔다. 중학교를 가기도 어려운 형편이었지만 나는 객지에서 고생하는 형님들과 누님들 덕분에 고향에서 중학교를 마치고 광주에서 공부를 계속할 수가 있었다.

어머니를 닮아 성실하고 긍정적이었던 형님과 누님들은 과분할 만큼 막내인 나를 아끼고 사랑해주었다. 아침 밥상에 둘러앉으면 누님들은 제일 먼저 밥 한 숟가락을 듬뿍 떠 내 밥그릇 위에 더 얹어주었다. 배가 아파서 그렇다고 거짓 엄살을 피우면서 누님들은 한 숟가락만 주면 정이 없어서 안 된다고 또 한 숟가락을 끝내 더 얹어주곤 했다.

프로레슬러 김일 씨의 문하생인 큰형은 아버지를 닮아 기골이 장대하고 용감하면서도 정이 많았다. 그런 큰형은 마을에서도 학교에서도 언제

대학교 졸업식에서 어머니를 모시고 형들과 함께

나 든든한 나의 버팀목이 되어 주었다. 프로레슬러가 된 이후에도 경기 도중 멍들고 다치는 등 몸의 이곳저곳에 갖가지 부상을 입으면서도 벌어들인 귀한 돈을 나와 가족을 위해 아낌없이 보내주었던 것이다.

가난 때문에 상급학교 진학을 포기해야 했던 둘째 형도 타향에서 오토바이 배달에서부터 온갖 궂은 일을 다해가며 대학을 졸업할 때까지 학비를 보태주었다. 고향에 내려와 보충역으로 군 생활을 하면서도 밤에는 낚시를 해서 고기를 잡아다 팔았다. 낮에도 잠시의 짬이라도 생기면 아이스크림 통을 들고 나가 동생을 도와주던 작은형을 평생 잊을 수가 없다. 어려운 시기에 정성을 다해 부모님을 모셔준 매형과 형수들도 내게는 생명과도 같은 귀한 분들이다.

그저 말 그대로 장한 어머니, 아니 내게 있어서는 신앙과도 같은 위대

한 어머니시다. 그리고 누님들과 형님들, 따뜻하고 든든하지만 생각만 해
도 가슴 한 켠이 먹먹하게 시려오는 나의 가족은, 내가 언제나 곧게 걸으
며 바르게 꿈꿔야 하는 이유이다.

어머니의 양달

우리 집은 논이 별로 없어 소 한 마리 키울 형편도 못 되었다. 농촌에 살면서 논 없이, 소 없이 사는 일처럼 고달픈 일이 없다. 논이 많은 집은 논이 많은 대로 농사를 짓느라 고달팠겠지만, 논이 적은 우리 집은 사시사철 쌀이 부족해서 고달팠다. 당시 농촌에서는 쌀 없이 돈을 마련하기가 어려웠는데 쌀 한 되를 사려면 보리쌀 열 되를 퍼주어야 하니 논이 적은 우리 집은 힘든 삶의 연속이었다. 자식들 학비를 대기 위해 돈을 마련해야 했던 어머니는 보리쌀을 죄다 내어주고 언제나 배를 곯기 일쑤였다.

그런 어머니에게 밥은 곧 생명이고 사랑이었다. 뒤주에 식량이 떨어지지나 않을까 전전긍긍하며 반평생을 보낸 어머니는 자식들이 모두 먹고 살만해진 다음에도 번번이 쌀은 있는지, 밥은 잘 먹는지 걱정하시며 물으시곤 했다.

어린 자식들 일이라면 살점이라도 베어내줄 정도로 무조건 감싸고 보듬는 사랑을 주셨던 어머니는 가난한 살림살이에 자식들을 키우고 가르치느라 하루도 쉬시지 않으셨다. 척박한 남의 땅에서 품앗이를 하던 어머니는 해 뜨기 전부터 부지런히 들에 나가 일을 하셨고, 온종일 뙤약볕에서 밭을 매다 땅거미가 내려앉아야 집에 돌아오곤 하셨다. 그러면서도 자식들에게는 몸은 천금이니 힘들면 쉬어야 한다고 당부하셨다. 어머니 자신은 추위를 잊은 채 한겨울에도 바다 일을 하고 십 리 길 새벽장을 다니면서도 자식들이 춥지나 않을까 걱정하며 겨울마다 따뜻한 새 내복을 사 보내셨다. 하루 종일 굶으시고도 저녁상에 올린 밀가루 죽 한 그릇마저 우리에게 덜어주셨다. 철없는 우리는 어머니가 굶으시는 줄도 몰랐다. 하루 종일 배를 곯으며 땡볕에서 남의 밭일을 해주고 받은 품삯으로 어머니는 우리를 가르치셨다. 어머니는 당신의 꿈을 내려놓으며 우리를 꿈꾸게 해주셨다.

알뜰한 농사꾼이셨던 어머니는 길에 떨어져 뒹구는 소똥이나 개똥 하나도 무심히 지나치지 않고 주워서 거름 더미에 보태곤 하셨다. 언제나 환히 웃으며 아침밥을 짓고, 틈틈이 바느질을 하셨다. 그리고 들에 나가 농사일을 하고 바다에 나가 뱃일을 하던 어머니는 허리가 휜 등으로 오랜 세월 삶의 리어카를 끌으셨다. 들로 바다로 쉴새없이 쫓아 다니신 어머니는 새까만 고쟁이 고무줄처럼 삭으셨다. 다음 생에도 또 다음 생에도 모든 것을 내어주고 다시 고무줄로 살아갈 것만 같은 내 어머니는 눈시울이 시리도록 따뜻했다.

육 남매, 여덟 식구를 건사하셔야만 했던 어머니는 고추, 마늘, 배추, 무 같은 야채를 심고 가꾸면서 찾아오는 사람에게 나누어주는 것을 큰 기쁨으로 여기셨다. 어머니가 소쿠리에다 야채를 가득 담아줄 때는 그 야채와 함께 따뜻한 마음까지 수북하게 담아주는 것만 같았다. 가난해서 끼니를 거르면서도 제삿날이면 떡을 서너 말씩 해서 온 동네 사람들과 함께 나누곤 하셨다. 한없이 고단하고 가난한 삶이었지만, 어머니의 베풀고 나누는 따뜻함 속에서 자라는 동안 우리는 한 번도 가난을 가난이라 느끼지 못했다.

아낙들의 사랑방

나의 고향은 아버지가 나서 자라온 마을이기도 하다. 열 일곱 살 어머니가 시집와 정착하여 살아온 우리 마을 구석구석에는 마치 어제 일처럼 살아있는 추억들이 가득하다. 동구에 들어서자마자 보이는 정다운 느티나무와 평화로운 논밭들, 잔잔한 집 앞 바닷가는 모두 어린 시절 놀이터였다. 봄이면 진달래와 철쭉이 지천으로 피고 여름이면 학교 앞 바닷가에서 솔 섬까지 해수욕을 즐기던 마을, 가을이면 동네 골목길과 뒷산을 휘젓고 다니며 단감과 보리수 열매를 따먹고 겨울에는 동무들과 어울려 해가 저물도록 눈싸움을 하고는 집에 돌아와 형제들과 밥 한 그릇을 나누던 어린 시절은 가난하면서도 풍요로웠다.

우리 집은 아낙네들의 사랑방이었다. 저녁을 먹고 나면 마을 아낙네들 가슴 답답한 하소연을 하나씩 안고 거리낌 없이 우리 집 대문을 열고 들어섰다. 어머니는 구멍 난 양말을 꿰매거나 바느질을 하면서 동네 아낙네들과 이런 저런 이야기를 나눴다. 우리 집이 고향의 사랑방이 된 데는 이유가 있었다. 어머니가 부녀회장을 맡고 있기 때문이기도 했지만, 어머니가 진심으로 다른 사람들의 이야기를 들어주는데다가 어머니가 일러주는 대로 하기만 하면 일이 잘 해결된다는 동네 평판 때문이기도 했다.

어느 겨울에는 동네 어린 아이 하나가 집을 나가 해질 무렵까지 돌아오지 않았다. 답답하고 걱정스러웠던 가족들은 우리 집에 몰려와 하소연을 했는데 어머니는 초등학교 정문 담 모퉁이에 가보라고 조언해 주었다. 아이의 부모가 가보지 않은 곳 중에서 아이가 걸어서 갈 수 있는 거리에 있으면서 햇볕이 잘 들고 바람을 막아주어 아이가 머물만한 곳을 일러준 것이었다. 어머니의 조언 덕분에 가족들은 잃어버린 아이를 찾게 되었고,

지금의 사랑하는 가족들과 단란한 모습

마을 사람들은 어머니를 더욱 의지하며 개인적인 어려움이나 마을의 크고 작은 일들을 의논하게 되었다.

어머니가 마을 사람들의 문제를 해결해줄 수 있었던 것은 마을 사람들 하나하나에 대해 그만큼 관심과 애정을 갖고 있었기 때문이었다. 어머니는 집집마다 제삿날이나 잔칫날을 줄줄이 꿰고 있었고 농사일이 바빠서 날짜 가는 줄 모르는 젊은 부부에게 아이들 생일을 일러주기도 했다. 어머니는 마을 사람들 일이라면 언제든 발 벗고 나섰고 진심으로 즐겁게 도왔다.

마을 한가운데 놓인 우물을 함께 나눠 마시던 마을 공동체. 내 자식, 네 자식이 따로 없고 내 부모, 네 부모가 따로 없이 가족처럼 함께 살아가는 일이 숨 쉬는 것만큼이나 자연스러웠던 고향 마을, 그리고 삶 자체가 헌신과 봉사 그리고 사랑이었던 어머니의 인정은 인간에 대한 내 신뢰의 출발점이었다.

마지막 인사

고향에서 중학교를 마친 뒤 인문계 진학을 포기하고 전남공고에 입학했다. 고생하는 어머니와 형님, 누님들을 위해 하루 빨리 고등학교를 졸업하고 돈을 벌기 위해서였다. 가난한 가계를 일으켜 세우고 어머니와 형제들에게 은혜를 갚겠다는 마음으로 학교생활에 더욱 충실히 임했다. 안방 벽에 우등상장이며 표창장과 장학증서가 늘어날 때마다 부모님과 형제들에게 자랑이 되고 힘이 된다는 사실은 말할 수 없는 기쁨이었다. 가난이란 질곡속에서 우여곡절 끝에 고등학교와 대학을 졸업하고 사회봉사 활동을 하던중 어머니가 돌아가시기 약 한달전에 미국 유학길에 오르게 되었다.

1994년 9월이었다. 어머니가 일흔 셋이시던 어느 날, 갑자기 뇌졸중으로 돌아가셨다는 연락을 받았다. 곧바로 한국행 비행기에 올랐지만 다음날 자정이 되어서야 고향에 도착할 수 있었다. 넓은 차일이 쳐 있고 많은 사람들이 바쁘게 드나들었다. 어머니는 안방에 누워 계셨다.

어머니 영전 위에는 편지 한 통과 사진 세 장이 놓여 있었다. 그것은 내가 미국에 도착해서 맨 처음 어머니께 쓴 편지와 동봉한 사진이었다. 어머니가 그리워 쓴 편지, 그러나 어머니는 편지를 읽지도 못하고 눈을 감으셨다. 그 편지는 어머니가 돌아가신 다음 날에야 고향에 도착했던 것이다. 멀리 떨어져 있으니 어머니가 얼마나 더 그립고 보고 싶은지, 어머니가 나에게 얼마나 소중한 분인지, 어머니의 삶이 왜 그토록 아름다운지 구구절절이 써 올렸는데 보시지도 못하신 채 가셨다니 가슴이 아려왔다. 염려하는 마음에 날마다 식사는 잘 하고 계신지 편찮으신 곳은 없는지 묻는 안부도 빼놓지 않았는데 이리 되시다니 그저 깊은 한 숨에 땅이 꺼질 뿐이었다.

입관한 뒤라 마지막으로 어머니 얼굴조차 뵐 수 없었다. 현실로 받아들여지지 않는 탓에 눈물도 울음도 저 깊은 곳에 머물러 좀처럼 나오지 않았다. 몸빼 저고리에 다부진 몸으로 어머니는 여느 날처럼 이웃집에 마실 갔다가 곧 돌아오실 것만 같았다. 그러나 어머니는 다음 날도 그 다음 날도 "만호야!"하고 나를 부르며 대문을 열고 들어오지 않으셨다. 그러면서 서서히 어머니가 돌아가셨다는 사실이 실감나기 시작했다.

부엌에도 마당에도 어머니는 계시지 않았다. 어머니가 누워 있던 안방 윗목에도 3단짜리 흙빛 옷장 하나만 덩그러니 남아있을 뿐이었다. 옷장 맨 위의 문을 열고 깊숙이 손을 넣으니 지폐 몇 장이 든 오래된 지갑이 나왔다. 미국으로 떠나기 전에 고향에 들러 전해드렸던 용돈이 지갑 속에 고스란히 남아 있었다. 자식에게 학비를 보태주지는 못할망정 오히려 용돈을 받았다며 어머니는 내내 미안해했다고 한다.

어머니의 지갑을 보니 미국 유학을 떠나기 일주일 전에 집에 들렀던

고교 졸업식장에서 대표로 상장을 수여 받고 있는 필자

기억이 났다. 중학교를 졸업한 뒤로 줄곧 타지로 떠나 있었기에 가끔 집에 들르더라도 어머니 곁에 몇 시간 정도 머물거나 며칠 묵는 일이 전부였다. 그러나 내가 집을 나설 때면 어머니는 늘 동구 밖까지 바래다주셨다. 그날도 어머니는 동구 밖까지 나와 내 손을 잡고 눈물을 훔치셨다. 그리고는 멀리 보이지 않을 때까지 고갯마루에 오래도록 서 계셨다.

이튿날 어머니는 연락도 없이 서울로 올라오셨다. 먼 길 떠나는 막내를 한 번이라도 더 보고 싶은 마음 때문이었다. 자식 일이라면 평생을 한결같이 바람처럼 땅도 딛지 않고 날아다니듯 살아온 어머니였다. 그날 밤 나는 어머니와 나란히 누워 소나무껍질 같은 어머니의 손을 잡고는 밤새 잠을 뒤척였다. 마른 나뭇가지처럼 늙으신 어머니가 부쩍 애잔하고 슬펐다. 동구 밖에 서서 눈물을 훔치며 오래오래 나를 바라보던 어머니, 소나무 껍질처럼 뻣뻣하고도 따뜻한 손, 그것이 내가 본 어머니의 마지막이었다.

갑자기 모든 일들이 바로 어제일처럼 느껴지더니 눈물과 울음이 한꺼번에 터져 나왔다. 토방 뜰에 내려와 서 보았지만, 여느 때처럼 부엌에서 나와 나를 반겨주셔야 할 어머니의 동그랗고 주름진 얼굴과 반쯤 희어진 머리카락이 더는 보이지 않는다. 미역국에 쌀밥 말아줄 테니 얼른 일어나라고 나를 깨우던 그 목소리도, 사래 긴 밭을 단숨에 매고 벌떡 일어나 햇살을 등지고 환하게 웃어 보이던 그 미소도, 쌀이며 깻잎이며 김치를 등에 지고 나를 찾아와서는 차들의 경적 소리에 혼이 다 빠지겠다라며 하룻밤 묵고는 부리나케 시골로 내려가시던 어머니의 뒷모습도 더는 마주할 수가 없다. 그래도 밤이 되면, 동구 밖 느티나무 옆에 별을 이고 서서, 저만치서 들려오는 아들 발소리에 "만호냐?"하고 부르시던 어머니의 음성이 아직도 들릴 듯하다.

내 애창곡은 〈사모곡〉

저마다 하나씩은 갖고 있는 애창곡 십팔번 노래는 자신의 인생을 닮아 있다. 나의 애창곡인 국민가수 태진아의 〈사모곡〉도 그렇다.

앞 산 노을 질 때까지 호미자루 벗을 삼아
화전 밭 일구시고 흙에 살던 어머니
땀에 찌든 삼베 적삼 기워 입고 살으시다
소쩍새 울음 따라 하늘 가신 어머니
그 모습 그리워서 이 한밤을 지샙니다
무명치마 졸라매고 새벽이슬 맞으시며
한 평생 모진 가난 참아내신 어머니
자나 깨나 자식 위해 신령님 전 빌고 빌어
학처럼 선녀처럼 살다 가신 어머니
이제는 눈물 말고 그 무엇을 바치리까

가슴 절절한 가사는 나와 같은 시대를 산 모든 자식들에게 공감이 가는 이야기이겠지만, 특별히 이 노래를 부를 때면 사무치는 어머니 생각에 울컥해진다. 사모곡의 가사들이 내 어머니의 한 시절을 통째로 기억하게 하기 때문이다. 어머니에 대한 생각으로 가슴이 먹먹해지거나 베인 듯 아프다가 이내 따스해지기도 하는 통에 내 십팔번은 부를 때마다 더 애가 끓는다.

어머니는 나의 인생 모델이셨다. 너덜너덜해진 휴지 조각 하나도 아끼며 살아온 어머니는 혼신의 힘을 다해 가족을 위했고, 가난하고 열악한 환경을 따뜻하게 이겨냈으며, 부족한 남편을 지극정성으로 내조하면서 마주치는 시련과 고통을 기도와 정성으로 승화시켰다. 이웃과 더불어 살며 정을 나누고 희망을 심던 어머니가 삶으로 보여준 모습은 어머니가 평생을 함께해 온 흙처럼 검은 그 자체이셨다.

'어머니'라는 그 이름만으로도 나에게 위로가 된다. 시름에 겨워 어머니를 부르는 날이면 끝도 없이 옛날 생각에 잠기게 되는데, 이야기에 이야기가 꼬리를 물면서 어느새 마음이 따뜻해진다. 어머니와 함께 한 유년의 기억은 나에게 마르지 않는 사랑의 젖줄이다. 자애로운 눈으로 바라봐 주시는 어머니가 없었다면 험난한 모험을 끝내고도 돌아가 쉴 곳이 없는 오디세우스와 같았을지도 모를 일이다.

나는 지갑 속에 늘 어머니의 사진 한 장을 넣고 다닌다. 지갑을 열 때면 고향에 내려갈 때마다 낡은 지갑에서 꼬깃꼬깃한 지폐 몇 장을 꺼내 쥐어주며 먹고 싶은 것도 사먹고 친구들이나 후배들도 잘 대접하라고 당부하셨던 어머니가 떠오른다.

"만호야!"하고 부르며 껴안아 주시던 어머니가 보고 싶을 때마다 나는 지갑 속에서 어머니의 사진을 꺼낸다. 어려운 난관에 부딪힐 때면 고향 마을 점쟁이로 불리던 어머니께 '어떻게하면 좋겠습니까?'하고 혜안을 빌리기도 한다. 그때마다 어머니는 사람은 누구나 소중하다며 이웃들 하나하나를 마음으로 사랑한 어머니의 지혜를 새삼스럽게 깨닫게 된다. 어떤 절망도 희망으로 바꾸어 보이시던 어머니! 오늘도, 벌써 쉰이 다 되어가는 나의 마음과 영혼을 잡아주시는 어머니의 거친 손이 따뜻하고도 정겹게 고동쳐 온다.

어머니 전상서

어머니! 며칠 전에 고향 옛 집에 다녀왔습니다. 고향 집 문설주에 기대어 눈을 감아보니 오랜만에 어머니의 품에 안긴 듯 포근하고 따뜻했습니다. 어머니가 저만치서 문을 열고 걸어 나오시는 듯 했습니다.

어머니의 임종을 지키지 못한 제 마음 속에는 늘 어머니께 불효한 송구스러움이 남아 있습니다. 함께 할 시간이 다시 허락된다면 고마웠다고, 사랑한다고 전하고 싶은데 그럴 수 없으니 더욱 애절하고 그립습니다. 어머니가 차려주신 따뜻한 밥상도 그립고, 정겨운 어머니의 목소리도 그립습니다.

가난한 촌사람이셨지만 어머니는 가난을 느낄 수 없을 만큼 저에게 많은 사랑을 채워 주셨습니다. 슬픔을 느낄 새 없이 늘 안아주고 쓰다듬으며 토닥여 주셨습니다. 무슨 일이든 칭찬해 주시는 어머니 덕분에 어린 시절 저는 제가 무엇이든 잘하는 사람인 줄로만 알았습니다. 어떤 일을 하든 어떤 길을 가든 격려를 아끼지 않으신 어머니가 계셨기에 항상 새로운 곳에서도 주눅 들지 않고 씩씩하게 도전하려는 용기를 가졌습니다. 실패를 두려워하지 말라고 가르치셨던 어머니가 계셨기에 지금의 제가 있을 수 있었습니다.

무엇을 이루었느냐보다 어떻게 살았느냐가 더 중요하다는 것을 어머니를 통해 배웠습니다. 집안 살림하랴, 아프신 아버지 뒷바라지하랴, 아버지 대신 가장의 역할까지 해가며 육 남매를 키우랴, 밤낮 마음 속으로 울음을 삼키셨을 어머니! 당신의 인내와 가르침이 없었다면 지금의 저는 있을 수 없었습니다.

어머니!

미국에서 공부를 마치고 10여 년을 머무르는 동안 힘들고 어려울 때마다 살아 생전에 삶으로 보여주시고 가르쳐주셨던 어머니를 생각했습니다. 그러면 어떤 어려움이든 거뜬히 이겨낼 수 있었습니다. 꿈을 잃지 않을 수 있었습니다. 사람은 누구나 다 소중하다는 어머니의 따뜻한 가르침을 받고 자란 제 삶에는 늘 긍정의 힘이 넘쳤습니다.

이제 어머니는 계시지 않지만 어머니와 같은 이 땅의 어른들을 모시고 섬기며 우리 사회와 인류를 위해 봉사하는 길을 가겠습니다. 사람에 대한 사랑과 봉사만이 이 사회의 어둠을 역전시킬 수 있다는 지혜를 어머니를 통해서 이미 배웠기 때문에 그 길을 가겠습니다.

어머니!

책잡히지 말고 성실하게 살아야 한다고, 모든 사람을 내 형제와 부모처럼 여겨야 한다고, 하늘을 두려워해야 한다고 내내 말씀하셨던 당신의 가르침을 귀담아 듣겠습니다. 삶에 대해 끝없이 낙천적이셨던 어머님, 어머님의 따뜻한 인정이 새로운 길을 나서는 제 삶에 지침이 되었습니다. 나와 우리 가족만을 위해 살기보다 어려운 이웃을 생각하면서 어머니께 받은 가르침을 그들에게 전하고 실천하겠습니다. 저의 모든 열정과 젊음과 긍정의 에너지를 좋은 세상, 정의로운 사회를 만드는 일에 묵묵히 쏟겠습니다. 그리고 용산의 새 봄을 찾아나서는 자랑스러운 당신의 아들 막둥이가 되겠습니다.

어머니께서 늘 지켜봐 주시고 더 강하게 이끌어 주십시오. 어머니를 부르니 힘이 납니다.

고맙습니다. 그리고 사랑합니다.

막내 만호 올림

광장으로 나가야 할 때

　20세기 후반, 우리는 대립과 갈등 그리고 투쟁으로 점철된 모습이었다. 그 희생의 대가로 독재의 사슬에서 벗어나 평화적 정권교체를 이루고 민주화를 달성했다. 그리고 경제적 빈곤으로부터도 벗어나 한강의 기적을 이루어 대한민국의 신화를 창조해낼 수 있었다. 하지만, 우리에게 언제부턴가 개인주의와 집단이기주의가 팽배해졌다. 어제의 화두가 산업화와 민주화였다면 이제는 민족의 숙원인 남북통일을 성취하여 선진 사회로 진입해야 한다. 과거 역사를 거울 삼아 개인주의와 집단이기주의를 뛰어넘어 21세기를 맞아 힘차게 도약해야 할 중차대한 시점이다. 우리나라가 오늘날처럼 세계무대의 중심부에 섰던 때가 어느 시대에 한 번이나 있었던가.

　사상적으로 극심한 혼란을 겪었던 1947년, 남북 이데올로기의 첨예한 대립으로 인해 갈팡질팡할 무렵, 김구 선생은 〈내가 원하는 우리나라〉라는 제하의 글에서 이렇게 말했다.

　"나는 우리나라가 세계에서 가장 아름다운 나라가 되기를 원한다. (중략) 우리의 경제력은 생활을 풍족히 할 만하고, 군사력은 남의 침략을 막을 만하면 족하다. 오직 한없이 가지고 싶은 것은 높은 문화의 힘이다."

　그토록 소원하던 '문화', 그 대한민국 문화의 바람은 여기저기서 불고 있다. 서광이 비치기 시작했다. 우리의 태권도가, 우리의 드라마가, K-pop이, 우리의 한글이, 우리의 상품이 동남아를 넘어 유럽과 아프리카로 더 나아가 중남미에 이르기까지 그 영역을 넓혀가면서 지구 전역을 휩쓸고 있다. 세계로 뻗어가는 우리의 문화는 못 살고 못 먹던 20세기 중반까지와는 완전히 다르게 수준과 품격도 높아졌다.

　구백 차례가 넘는 외세의 침탈 속에서도 우리는 쓰러지지 않고 꿋꿋하게 살아남았다. 고난과 시련 속에 살아온 우리에게 그토록 소망했던 반가운 때가 도래했다. 탈 수 있는 시세時勢의 말을 타지 않으면 빼앗길 수도 있다는 말이 있다. 빼어난 문화의 힘을 가지고 우리가 살아나갈 21세기는 공존共存의 삶과 남을 배려하고 위하여 사는 공생 공영의 세상이 됐으면 하는 바람이다.

　지금 우리는 남북통일과 세계평화를 위해 혼신의 힘을 다하여 매진해야 할 때이다. 특별히 민족 통일의 사명은 우리 대에 꼭 이뤄야만 할 숙명적인 과제이다. 졸저《미래로 가는 나침반》이 그 역할을 위한 튼튼한 디딤돌이 된다면 더 이상 바랄 것이 없겠다.

　이 책을 끝까지 읽어주신 많은 분들께 가슴에서 우러나오는 감사의 말씀을 올린다.

2011년 만추
김 만 호

찍은 날 ｜ 2011년 11월 14일
펴낸 날 ｜ 2011년 11월 18일

지은이 ｜ 김만호
표지사진 ｜ 이범석
펴낸이 ｜ 임형오
펴낸곳 ｜ 미래문화사
등록번호 ｜ 제1976-000013호
등록일자 ｜ 1976년 10월 19일
주소 ｜ 서울시 용산구 효창동 5-421 1F
전화 ｜ 02-715-4507 02-713-6647
팩스 ｜ 02-713-4805

전자우편 ｜ mirae715@hanmail.net
홈페이지 ｜ www.miraepub.co.kr
ⓒ 김만호 2011
ISBN 978-89-7299-400-8 03040